Isa-Maria Hilburger

Immaterielle Anreizsysteme in der Personalpolitik

Welchen Einfluss haben nicht-monetäre Anreize auf die Mitarbeiterbindung?

Bibliografische Information der Deutschen Nationalbibliothek:

Die Deutsche Nationalbibliothek verzeichnet diese Publikation in der Deutschen Nationalbibliografie; detaillierte bibliografische Daten sind im Internet über http://dnb.d-nb.de abrufbar.

Impressum:

Copyright © Science Factory 2021

Ein Imprint der GRIN Publishing GmbH, München

Druck und Bindung: Books on Demand GmbH, Norderstedt, Germany

Covergestaltung: GRIN Publishing GmbH

Inhaltsverzeichnis

Zusammenfassung

Die vorliegende Arbeit beschäftigt sich mit der Frage, welchen Einfluss immaterielle Anreizsysteme auf die Mitarbeiterbindung haben. Zunächst werden die theoretischen Grundlagen der Thematik dargestellt. Diese beinhalten die Definition wesentlicher Begrifflichkeiten des Commitments, sowie dessen Einfluss- und Ergebnisfaktoren. Daraufhin erfolgt eine Vorstellung von Anreizfunktionen und -arten. Ausgewählte Studien zum Zusammenhang zwischen Anreizsystemen und organisationalem Commitment, sowie die Bildung der Hypothesen runden die theoretischen Grundlagen ab. Die praktische Untersuchung der Arbeit erfolgt anhand eines Online-Fragebogens. Dieser wurde von insgesamt 165 Probanden vollständig ausgefüllt. Die Teilnehmer beantworten dabei Fragen bezüglich ihres organisationalen Commitments, der wahrgenommenen organisationalen Unterstützung sowie zum Anreizangebot ihres Arbeitgebers. Die durchgeführten t-Tests zeigen keinen signifikanten Unterschied zwischen dem organisationalem Commitment der Experimentalgruppe mit sowohl immateriellen als auch materiellen Anreizen und der Kontrollgruppe mit lediglich materiellen Anreizen. Im Gegensatz dazu kann jedoch ein signifikant positiver Einfluss von immateriellen Anreizen auf das affektive Commitment festgestellt werden. Zudem ist festzuhalten, dass die Anzahl von arbeitsbezogenen Anreizen einen signifikant positiven Einfluss auf das organisationale Commitment hat. Die Anzahl der sozialen und haptischen Anreize weist jedoch keinen signifikanten Einfluss auf. Die Untersuchungsergebnisse legen nahe, dass Organisationen durch einen adäquaten Einsatz von immateriellen Anreizen vor allem die emotionale Bindung von Mitarbeitern erhöhen können. Allerdings unterliegen die in der Untersuchung festgestellten Ergebnisse gewissen Einschränkungen, welche in einer kritischen Würdigung diskutiert werden und für weitere Forschungen behoben werden sollten. Ein abschließendes Fazit rundet die Arbeit ab.

Abkürzungsverzeichnis

AC	Affektives Commitment
COBB	Commitment Organisation, Beruf und Beschäftigungsform
KC	Kalkulatorisches Commitment
NC	Normatives Commitment
OC	Organisationales Commitment
POS	Perceived organizational support
POS-s	Erhebungsinstrument Perceived organizational support

Abbildungsverzeichnis

Tabellenverzeichnis

1 Einleitung

Unternehmen haben heutzutage mit vielen Herausforderungen zu kämpfen. Neben dem (sozio-)demografischen Wandel, einer beschleunigten Globalisierung sowie einer steigenden Wettbewerbsintensität, sehen sich Unternehmen auch mit einer abnehmenden Mitarbeiterloyalität konfrontiert. Die Anzahl der Mitarbeiter, die ihr ganzes Arbeitsleben im gleichen Unternehmen verbringen, ist in den letzten Jahren stark rückläufig. Dieser angesprochene Trend einer sinkenden Mitarbeiterloyalität konnte in diversen Studien belegt werden (Compensation Partner, 2019; Global Workforce, 2010; Institut für Beschäftigung und Employability, 2013; Prima Human Ressources, 2012). Die Gründe für die thematisierte abnehmende Bindung der Mitarbeiter an Unternehmen sind vielschichtig und komplex.

Ein Grund für die Abnahme der Mitarbeitertreue ist der in vielen Branchen und Bereichen präsente Fachkräftemangel sowie der daraus resultierende „War for Talents". Der Begriff „War for Talents" umschreibt den Konkurrenzkampf von Unternehmen um hochqualifizierte Mitarbeiter (Chambers, Foulon, Handfield-Jones, Hanking & Michaels III, 1998). Der angesprochene Fachkräftemangel führt dazu, dass Unternehmen immer aktiver und großzügiger um potentielle Fachkräfte werben müssen und sich der Konkurrenzkampf um gut ausgebildete Mitarbeiter weiter zuspitzt. Eine aktuelle Studie der Bundesagentur für Arbeit aus dem Jahr 2020 geht basierend auf einer Hochrechnung der demographischen Entwicklung in Deutschland davon aus, dass sich das Erwerbspersonenpotential bis 2030 um rund 3,6 Millionen verringern wird. Bemerkenswert ist, dass das zukünftige Erwerbspersonenpotential ohne (zukünftige) Migration noch weitaus schlechter ausfallen würde.

Eine weitere wesentliche Triebfeder der sinkenden Mitarbeiterbindung besteht darin, dass ein Arbeitgeberwechsel für Mitarbeiter die Chance eines Karrieresprungs darstellen kann und in vielen Fällen keine adäquaten Aufstiegsmöglichkeiten im aktuellen Unternehmen vorhanden sind. Außerdem weisen aktuelle Studienergebnisse darauf hin, dass die transformative Entwicklung des Individuums sowie die damit einhergehende veränderte Sinnesbildung sich in dem Wunsch nach beruflicher Veränderung und der Einarbeitung in neue eventuell spannendere Aufgabengebiete offenbaren können (Schirmer, 2007). Insbesondere kleinere oder mittelständische Arbeitgeber können diesem Wunsch des Mitarbeiters oftmals nicht entsprechen, da sie nicht über die Stellenvielfalt beziehungsweise die Finanzkraft von Konzernen verfügen.

Die angesprochene abnehmende Bindung der Mitarbeiter an das Unternehmen geht für Organisationen mit einer Reihe von Nachteilen einher. So entstehen dem Unternehmen durch eine resultierende höhere Fluktuation zusätzliche Kosten, beispielsweise durch eine erneute Stellenausschreibung, Redundanzen im Auswahlprozess und Produktivitätsverluste im Zuge der Einarbeitung von neuen Mitarbeitern (Schanz, 2000). Loffing und Loffing (2010) merken an, dass neben finanziellen Kosten zudem zeitliche und personelle Ressourcen im Unternehmen zu berücksichtigen und aufzuwenden sind. Eine im Jahr 2019 durchgeführte Umfrage des Prüfungs- und Beratungsunternehmens „Deloitte" ergab, dass die durchschnittlichen Fluktuationskosten bei 14.900 € pro Stelle liegen. Diese Kosten sind mit der Anzahl der notwendigen Nachbesetzungen zu multiplizieren und variieren je nach Unternehmensgröße (Deloitte, 2019).

Als Reaktion auf die skizzierte sinkende Mitarbeiterloyalität suchen Unternehmen vermehrt nach Möglichkeiten Mitarbeiter langfristig an das Unternehmen zu binden, beziehungsweise deren Loyalität gegenüber dem Arbeitgeber zu erhöhen. Einige Organisationen versuchen bereits nach einer erfolgreichen Akquise eines neuen Mitarbeiters durch gezielte Maßnahmen positiv auf dessen Bindung zum Unternehmen einzuwirken (Kieser, Nagel, Krüger & Hippler, 1990). Bauer, Erdogan, Bodner, Truxillo und Tucker (2007) empfehlen dieses Vorgehen insbesondere vor dem Hintergrund, dass neue Mitarbeiter nicht nur mit unbekannten Aufgaben und Herausforderungen, sondern auch mit neuen Kollegen und Arbeitsstrukturen konfrontiert werden und folglich ein erhöhtes Frühfluktuationsrisiko bestehen kann.

Für Unternehmen stellt sich die Frage nach Möglichkeiten zur Erhöhung der Mitarbeiterloyalität aber nicht nur für neue, sondern für alle Mitarbeiter. In diesem Zusammenhang wird in der Literatur häufig der Einsatz von Anreizen beziehungsweise Anreizsystemen vorgeschlagen (Balkin & Bannister, 1993; Becker, 1995; Finkelstein & Hambrick, 1989; Hormel & Seibt, 2017; Kieser et al., 1990; Rosenstiel, 1992; Winter, 1997). Anreize können allgemein als spezifische Situationsbedingungen definiert werden, die dazu dienen, die Motivation von Individuen beziehungsweise von Mitarbeitern zu aktivieren (Rosenstiel, 1992). Darüber hinaus erfüllen Anreizsysteme gemäß Winter (1997) drei Funktionen: Motivations-, Selektions- und Koordinationsfunktion. Für die Mitarbeiterbindung ist dabei insbesondere die Selektionsfunktion von Anreizsystemen relevant, da diese darauf abzielt die richtigen Mitarbeiter für das Unternehmen zu gewinnen und zu halten beziehungsweise diese an die Organisation zu binden.

In der Literatur wird darüber hinaus zwischen materiellen und immateriellen Anreizen beziehungsweise Anreizsystemen unterschieden. Materielle Anreize werden dabei auch häufig unter den Begriffen Entlohnungs-, Entgelt- oder Vergütungssysteme zusammengefasst. Im Gegensatz dazu werden immaterielle Anreize auch als nicht-materielle beziehungsweise nicht-monetäre Anreize bezeichnet (Hormel & Seibt, 2017). In der Forschung existiert jedoch weder eine herrschende Meinung hinsichtlich einer klaren Trennung zwischen materiellen und immateriellen Anreizen noch hinsichtlich deren Kategorisierung. Einigkeit besteht aber sehr wohl bei der Bewertung der Bedeutung von Anreizsystemen für die Bindung von Mitarbeitern. Finkelstein und Hambrick (1989) betonen diesbezüglich, dass insbesondere die immateriellen Anreize vor dem Hintergrund der langfristigen Mitarbeiterbindung an die Organisation zunehmend an Bedeutung gewinnen. Hentze, Kammel und Lindert (1997) ergänzen, dass immateriellen Anreizen eine besonders hohe Bedeutung zukommt, wenn die Organisationsmitglieder nur eingeschränkt die Möglichkeit haben, die von ihnen getätigte Arbeitsleistung sowohl in quantitativer als auch qualitativer Weise zu beeinflussen. Auch Kressler (2001) vertritt diese Meinung und unterstreicht die wichtige Rolle von immateriellen Anreizsystemen bei der Leistungsaktivierung und Bindung von Organisationsmitgliedern an das Unternehmen. Hormel und Seibt (2017) fügen hinzu, dass immaterielle Anreize aufgrund ihres in der Regel nicht monetären Charakters ein größeres Differenzierungspotential von anderen Unternehmen aufweisen als materielle Anreize.

Die vorliegende Arbeit trägt der steigenden Bedeutung von immateriellen Anreizen bei der Mitarbeiterbindung Rechnung und untersucht deren Einfluss auf das organisationale Commitment (OC) von Mitarbeitern, welches in dieser Arbeit als Bemessungsgrundlage für die Mitarbeiterbindung verwendet wird. Dafür werden zu Beginn der Arbeit zunächst die notwendigen theoretischen Grundlagen der Thematik vorgestellt. Diese beinhalten die Definition der Begriffe „Mitarbeiterbindung" und „OC", wobei letzteres anhand des dreidimensionalen Commitment-Konzepts von Meyer und Allen (1991) dargestellt wird. Diese unterteilen das OC in affektives (AC), normatives (NC) und kalkulatorisches Commitment (KC).

Im nächsten Schritt werden daran anschließend sowohl die Einfluss- als auch Ergebnisfaktoren des OCs erörtert. Im folgenden Abschnitt der Arbeit wird das Thema Anreizsysteme beleuchtet, dafür werden zunächst die verschiedenen Anreizfunktionen erläutert. Danach folgt eine Vorstellung von materiellen und immateriellen Anreizsystemen. Darauf aufbauend wird im Folgenden anhand von ausgewählten Studienergebnissen der Zusammenhang zwischen immateriellen

Anreizen und OC aufgezeigt. Den letzten Teil des theoretischen Abschnitts der Arbeit bildet die Bildung der Hypothesen der Untersuchung.

Der praktische Teil der Arbeit beginnt mit einer Vorstellung des methodischen Vorgehens sowie des Studiendesigns, bevor im darauffolgenden Abschnitt die Darstellung der Durchführung der Untersuchung folgt. Danach werden die Ergebnisse der Untersuchung dargelegt, wobei dafür zunächst ein Überblick über die Daten gegeben wird. Daran schließt die Vorstellung der Ergebnisse der deskriptiven Statistik sowie der inferenzstatistischen Auswertung an. Im abschließenden Teil der Arbeit werden die Erkenntnisse der Arbeit detaillierter ausgewertet und in die Literatur eingeordnet, bevor eine kritische Würdigung sowie ein kurzes Fazit die Arbeit abrunden.

2 Theoretische Grundlagen

2.1 Mitarbeiterbindung

In der Literatur existiert Einigkeit darüber, dass für die Umsetzung und die Erreichung von Unternehmenszielen die Mitarbeiter der Organisation einen zentralen Erfolgsfaktor darstellen. Darüber hinaus herrscht auch Konsens darüber, dass Mitarbeiter das Unternehmen und dessen Werte und Kultur nach außen repräsentieren und somit als Markenbotschafter verstanden werden können (Athanas & Graf, 2013; Krill, 2011). Gemäß Krohn (2007) befindet sich die Wissenschaft jedoch im Hinblick auf die Ursachen, welche Mitarbeiter zum Verbleib im Unternehmen bewegen, noch in den Kinderschuhen. Der Umgang mit Mitarbeitern im Unternehmen wird in der Literatur häufig als Personalmanagement bezeichnet (Athanas & Graf, 2013; Knoblauch, 2004). Das Personalmanagement umfasst dabei unter anderem die Teilbereiche: Mitarbeiterbetreuung, Change-Management und Personalentwicklung. Laut Kolb (2010) lässt sich die Mitarbeiterbetreuung wiederrum in Maßnahmen zur Personalbeschaffung, zur Personalfreisetzung und zur Mitarbeiterbindung unterscheiden. In dieser Arbeit liegt der Fokus insbesondere auf der Mitarbeiterbindung. Problematisch in diesem Zusammenhang ist, dass Begriffe wie „Personalmanagement", „Personalbindung", „Mitarbeiterbindung", „OC" oder „Retention Management" in der Praxis nicht einheitlich und teils unpräzise benutzt werden. Aus diesem Grund folgt eine kurze Definition und Abgrenzung der wesentlichen Begrifflichkeiten dieser Arbeit.

Felfe (2008) interpretiert Mitarbeiterbindung als die Verbundenheit, Identifikation und Zugehörigkeit, welche die Mitarbeiter gegenüber dem Unternehmen verspüren, für das sie tätig sind. Im Folgenden wird dem Vorschlag des Autors gefolgt, welcher einen synonymen Gebrauch der Begriffe „Mitarbeiterbindung" und „OC" vorschlägt. Diese Meinung teilen auch Nerdinger, Blickle, und Schaper (2008). Analog dazu werden auch die Begriffe Personalbindung und Mitarbeiterbindung synonym verwendet und folglich nicht zwischen den Begriffen „Angestellter", „Mitarbeiter" oder „Personal" unterschieden. Darüber hinaus findet in dieser Arbeit die Auffassung von Müller-Vorbrüggen (2004) Anwendung, dass sich Mitarbeiterbindung auf alle Mitarbeiter des Unternehmens (inklusive Führungskräfte) bezieht. Im Gegensatz dazu wird in dieser Arbeit nicht weiterführend auf den Begriff „Retention Management" eingegangen, da dieser in der Literatur verwendet wird, wenn von Mitarbeiterbindung als Prozess oder Unternehmensaufgabe gesprochen wird (Athanas & Graf, 2013; Knoblauch, 2004; Rowold, 2015). In dieser Arbeit steht jedoch nicht die Mitarbeiterbindung als Unternehmensaufgabe im Fokus, sondern die Untersuchung der Auswirkungen von immateriellen Anreizen auf die Mitarbeiterbindung. Tabelle 11 im Anhang A1 dieser Arbeit fasst die angesprochenen Begriffsbestimmungen zusammen.

Die Bindung der Mitarbeiter an das Unternehmen ist aus Arbeitgebersicht erstrebenswert, da sich gebundene Mitarbeiter Gedanken über das Wohlergehen des Unternehmens machen. Eine emotionale Verbundenheit führt dazu, dass die Leistung der Mitarbeiter steigt und diese sowohl motivierter als auch intensiver arbeiten (Rowold, 2015). Außerdem kommunizieren zufriedene Mitarbeiter die positive Einstellung gegenüber der Organisation nach außen, indem sie wohlwollend und häufig über ihren Arbeitgeber reden. Dadurch verbessert sich die Arbeitgebermarke (Employer Brand), was wiederrum dazu führt, dass das Unternehmen für Fachkräfte attraktiver wird. Des Weiteren trägt eine hohe Mitarbeiterbindung auch zum Unternehmenserfolg bei (Rowold, 2015), da sich diese durch eine geringere Anzahl krankheitsbedingter Ausfälle, weniger Fluktuation und daraus resultierenden geringeren Kosten bemerkbar macht (Loffing & Loffing, 2010; Rowold, 2015).

Eine Untersuchung des Gallup-Instituts im Jahr 2018 ergab jedoch, dass nur 15% der deutschen Beschäftigten eine hohe emotionale Bindung zum Unternehmen aufweisen. Des Weiteren verspüren 71% eine geringe emotionale Bindung und 14% keine emotionale Bindung zu ihrem Arbeitgeber. Zudem verneinten 45% der Befragten, die keine emotionale Bindung aufweisen, die Aussage: „Ich beabsichtige, heute in einem Jahr noch bei meinem Arbeitgeber zu sein" (Gallup, 2018). Die Gallup-Studie zeigt eindrücklich, dass sich eine niedrige emotionale Bindung zum Unternehmen in einer erhöhten Fluktuationswahrscheinlichkeit niederschlägt.

Folglich gilt es für die Unternehmen nach Wegen zu suchen, welche die Identifikation der Mitarbeiter mit der Organisation sowie deren Loyalität steigern. Eine Möglichkeit die Zufriedenheit der Organisationsmitglieder und deren emotionale Bindung an das Unternehmen zu erhöhen, besteht darin, geeignete positive Anreize für die Mitarbeiter des Unternehmens zu gestalten (Rowold, 2015). Diese Anreize können wirtschaftlicher, personeller, örtlicher, struktureller oder vor allem auch emotionaler Natur sein.

Loffing und Loffing (2010) betonen, dass Maßnahmen der Mitarbeiterbindung intensiver wirken, je enger sie an Strukturen und Bedürfnisse der Mitarbeiter angeknüpft sind. Zusätzlich empfehlen sie den Mitarbeitern eine Wahlmöglichkeit einzuräumen im Hinblick darauf, ob und welches Bindungsinstrument sie annehmen, denn ihrer Meinung kann ein Gefühl der Einschränkung bei Mitarbeitern zu Demotivation führen. Um Frustration bei Organisationsmitgliedern zu vermeiden empfiehlt Kolb (2010) einen psychologischen Vertrag zwischen Unternehmen und Arbeitnehmer zu schließen, welcher als psychologisches Band zwischen den beiden Vertragsparteien interpretiert werden kann. Dieses psychologische Band bezeichnet Knoblauch (2004) als OC, auf welches im nächsten Abschnitt der Arbeit weiterführend eingegangen wird.

2.2 Organisationales Commitment

Wie in Abschnitt 2.1 erläutert, werden in dieser Arbeit die Begriffe „Bindung", „Mitarbeiterbindung" und „Commitment" synonym verwendet (Felfe, 2008; Nerdinger et al., 2008). In der Literatur lassen sich drei wesentliche Determinanten der Commitment-Forschung unterscheiden:

- Ökonomischer Entwicklungsstrang (economic school) (Becker, 1960),

- Psychologischer Entwicklungsstrang (psychologic school) (Mowday, Porter & Steers, 1982),

- Normativer Entwicklungsstrang (normative school) (Wiener, 1982).

Der ökonomische Ansatz versteht Commitment dabei als Bindung, die durch einen Zwang entsteht. Im Fokus steht hierbei die Wahl des Mitarbeiters, ob er im Unternehmen verbleibt oder nicht. Diese Entscheidung erfolgt im Rahmen einer Kosten-Nutzen-Analyse, welche auf den bereits getätigten Investitionen basiert (economic school) (Becker, 1960).

Im Gegensatz dazu versteht der psychologische Ansatz Commitment als emotionale Bindung. Mowday et al. (1982) beschreiben Commitment als relative Stärke der Identifikation und des Involvements mit beziehungsweise in einer Organisation. Durch diesen wahrgenommenen psychologischen Vertrag (Kolb, 2010) sind Mitarbeiter bereit, sich umfangreich für den Erfolg des Unternehmens einzusetzen (psychologic school).

Wiener (1982) unterscheidet neben den beiden angesprochenen Entwicklungssträngen eine weitere sogenannte normative Perspektive des OCs. Diese normative Bindung resultiert aus der wahrgenommenen Verpflichtung des Mitarbeiters gegenüber seiner Organisation (normative school).

Die drei vorgestellten Entwicklungsstränge bilden die Grundlage des populären dreidimensionalen Commitment-Konzepts von Meyer und Allen (1991). Die

Autoren verstehen OC als dreidimensionales psychologisches Konstrukt, das die nachfolgenden Komponenten beinhaltet:

• Kalkulatorisches Commitment:

„refers to an awareness of the costs associated with leaving the organization. Employees whose primary link to the organization is based on continuance commitment remain because they need to do so" (Meyer & Allen, 1991, S. 67).

• Affektives Commitment:

„refers to the employee's emotional attachment to, identification with, and involvement in the organization. Employees with a strong affective commitment continue employment with the organization because they want to do so" (Meyer & Allen, 1991, S. 67).

• Normatives Commitment:

„reflects a feeling of obligation to continue employment. Employees with a high level of normative commitment feel that they ought to remain with the organization" (Meyer & Allen, 1991, S. 67).

Die verschiedenen Komponenten des Commitments beschreiben, wieso Mitarbeiter in der Organisation verbleiben: weil sie müssen (KC), weil sie wollen (AC) oder weil sie sich verpflichtet fühlen (NC). Eine zentrale Annahme dieses Konstrukts besteht darin, dass alle Komponenten unabhängig voneinander in verschieden starker Ausprägung in jeder Person vorkommen können. Dies wurde sowohl von Hackett, Bycio und Hausdorf (1994) als auch von Dunham, Grube und Castenada (1994) durch den Einsatz von konfirmatorischen Faktoranalysen nachgewiesen. Im Folgenden werden die drei Komponenten des OCs jeweils näher beschrieben.

2.2.1 Affektives Commitment

Das AC beschreibt die emotionale Bindung zwischen Mitarbeiter und Unternehmen (Westphal, 2011). Es ist vor allem geprägt durch gemeinsame beziehungsweise konforme Werte. AC ist vorhanden, wenn sich der Mitarbeiter mit den Zielen der Organisation identifiziert und ein Gefühl der Zugehörigkeit, der Freude und des Stolzes verspürt. Ist dies der Fall führt dies dazu, dass die Organisationsmitglieder eine höhere Bereitschaft entwickeln, sich für die Organisation einzusetzen (Mowday, Steers & Porter, 1979).

Mitarbeiter mit stark ausgeprägtem AC wollen beziehungsweise wünschen sich in der Organisation zu bleiben (Meyer & Allen, 1991). Die erhöhte Einsatzbereitschaft macht Organisationsmitglieder mit hoher emotionaler Bindung in Bezug auf den Unternehmenserfolg wertvoller als Mitarbeiter, die nur ein geringes AC aufweisen (Meyer & Allen, 1997). Bei Personen mit ausgeprägtem AC ist der Wunsch nach einem neuen Arbeitgeber kaum existent (Meifert, 2005). Aus den genannten Gründen ist es für Unternehmen erstrebenswert auf ein hohes AC der Mitarbeiter hinzuarbeiten.

Gemäß Meyer und Allen (1997) können Organisationen unter anderem durch Transparenz in der Entgeltgestaltung und der Karriere- und Aufstiegsplanung sowie durch klare Kommunikation einen positiven Einfluss auf das AC nehmen. Des Weiteren wirken sich auch die Anerkennung von Leistung und Wertschätzung positiv auf die emotionale Bindung der Mitarbeiter aus. Mowday et al. (1979) unterteilen das AC in die Komponenten: Identifikation, Involvement und geringe Fluktuationsneigung. In der Vergangenheit wurde allerdings kontrovers diskutiert, ob das Kriterium „geringe Fluktuationsneigung" als Bestandteil von Commitment angesehen werden kann. So vertreten Meyer und Allen (1997) beispielsweise die Meinung, dass geringe Fluktuationsneigung vielmehr als Korrelat von AC verstanden werden muss. Im nächsten Schritt wird das normative Commitment als weitere Komponente des OCs vorgestellt.

2.2.2 Normatives Commitment

Im Gegensatz zum AC fühlen sich Mitarbeiter mit hohem NC dem Unternehmen gegenüber nicht emotional, sondern moralisch verpflichtet. Demnach kann das NC auch als moralisch-ethische Verpflichtung eines Organisationsmitglieds gegenüber dem Unternehmen, den Kollegen oder der Arbeitsaufgabe verstanden werden (Riesterer, 2006). Das Verlassen der Organisation würde beim Mitarbeiter ein Gefühl der Schuld und des Verrats hervorrufen.

Die Gründe für die wahrgenommene Verpflichtung im Unternehmen bleiben zu müssen, liegen sowohl in der funktionalen als auch in der sozialen Integration des Mitarbeiters, welche dieser über die Jahre als Mitglied des Betriebes erfährt und aufbaut (Klimecki & Gmür, 2005). Aus diesem Grund bleiben normativ gebundene Mitarbeiter der Organisation treu, und lehnen teilweise sogar bessere Alternativen ab. Laut Meyer und Allen (1997) zeigen diverse Studien, dass gewisse Einflussfaktoren (z.B. Arbeitserfahrungen) des ACs auch Einflussfaktoren des NCs sein können. Die Stärke der Einflussfaktoren kann dabei aber je nach Komponente (normativ, affektiv) des OCs variieren.

Das normative Commitment wird unter anderem durch Sozialisationserfahrungen geprägt. Diese können sowohl familiärer, organisationaler oder kultureller Natur sein. Unternehmen können durch Integrationsmaßnahmen das normative Commitment der Mitarbeiter stärken. Meifert (2005) merkt in diesem Zusammenhang an, dass NC entsteht, sobald Mitarbeiter die sozialen Normen, die durch das Unternehmen vermittelt werden, akzeptieren. Die Glaubwürdigkeit bezogen auf die Umsetzung der Organisationswerte ist notwendig, damit diese Art der Bindung erhalten bleibt (Klimecki & Gmür, 2005). Abschließend wird das KC als verbleibende Komponente des OCs vorgestellt.

2.2.3 Kalkulatorisches Commitment

Die dritte Komponente des dreidimensionalen Modells wird als kalkulatorisches beziehungsweise fortsetzungsbezogenes Commitment bezeichnet (Moser, 1996). Bei dieser Ausprägung des OCs führen Mitarbeiter eine Kosten-Nutzen-Analyse durch, um über den Verbleib im Unternehmen zu entscheiden. Haben Mitarbeiter keine andere Alternative oder überwiegen die Kosten sowie die Nachteile eines Wechsels, verbleiben sie in der Organisation (Westphal, 2011). Dementsprechend empfinden Organisationsteilnehmer bei dieser Art des Commitments das Verbleiben im Unternehmen als ein „Verbleiben müssen".

Die Verluste für Mitarbeiter beziehungsweise die Kosten und demzufolge auch die Bindung sind umso größer, je mehr die Organisationsteilnehmer im Laufe der Betriebszugehörigkeit materielles, kulturelles oder soziales Unternehmenskapital aufgebaut haben. Zum materiellen Kapital zählen Lohaus und Habermann (2016) beispielsweise Pensionsansprüche, welche beim Verlassen des Unternehmens wegfallen würden. Kulturelles Unternehmenskapital sind unter anderem spezifische, für die Organisation erworbene und benötigte Kompetenzen, die allerdings in anderen Unternehmen wertlos sind. Ein Beispiel hierfür könnten Expertenkenntnisse in einem unternehmensintern entwickelten Programm sein, welches nicht von anderen Unternehmen genutzt wird. Im Unterschied dazu bezeichnen Klimecki und Gmür (2005) das aufgewendete Engagement mit dem Ziel einer Beförderung als soziales Kapital. Aber auch der potentielle Verlust von langjährig aufgebauten sozialen Beziehungen zu Arbeitskollegen bei einem Arbeitgeberwechsel wird im Rahmen der Kosten-Nutzen-Analyse beim KC berücksichtigt.

Folglich herrscht zwischen KC und der Verwertbarkeit der persönlichen und fachlichen Kompetenzen am Arbeitsmarkt ein unmittelbarer Zusammenhang. Sind diese Kompetenzen auch für andere Organisationen von Interesse, ist die fortsetzungsbezogene Bindung schwächer ausgeprägt (Meyer & Allen, 1991). Nachdem die drei Komponenten des OCs vorgestellt wurden, folgt im nächsten Abschnitt der Arbeit die Darstellung der Einflussfaktoren des OCs.

2.2.4 Einflussfaktoren des organisationalen Commitments

Da fehlendes OC, wie zuvor beschrieben, weitreichende negative Folgen für Organisationen und Mitarbeiter haben kann, rückt insbesondere die Erforschung der Einflussfaktoren der jeweiligen Commitment Komponenten zunehmend stärker in den Fokus. In der Literatur herrscht im Hinblick auf die Einteilung dieser Einflussfaktoren keine Einigkeit. Während Kieser (1995) die Einflussfaktoren des OCs in zwei Gruppen: personenbezogene (z.B. demografische Merkmale, Einstellungen, Eigenschaften etc.) und arbeitsbezogene (z.B. Beziehung zu Vorgesetzten, Kollegen, Merkmale der Arbeit etc.) Faktoren unterteilt, schlagen Westphal und Gmür (2009) eine Erweiterung der Einteilung um eine weitere Gruppe, die organisationsbezogenen (z.B. Struktur der Organisation, Unternehmenskultur etc.) Einflussfaktoren, vor. Im Gegensatz zu den arbeitssituationsbezogenen Einflussfaktoren betreffen die organisationsbezogenen Einflussfaktoren die Arbeitssituation aller Organisationsmitglieder und nicht nur die Arbeitssituation eines spezifischen Mitarbeiters.

Eine Metaanalyse von Mathieu und Zajac (1990) konnte in diesem Zusammenhang zeigen, dass der personenbezogene Einflussfaktor „Alter" der Mitarbeiter positiv mit deren Commitment zusammenhängt (r = .20). Im Gegensatz zu March und Simon (1958) kamen die Autoren zu dem Ergebnis, dass das Personenmerkmal „Alter" stärker mit AC zusammenhängt als mit KC. Grundsätzlich stimmen die Autoren aber darüber überein, dass je älter Mitarbeiter sind, desto stärker ist auch ihre Bindung an das Unternehmen. Als mögliche Gründe nennen Meyer und Allen (1984) eine größere Zufriedenheit im Beruf und eine potentiell höhere Karrierestufe im Unternehmen. Meyer, Stanley, Herscovitch und Topolnytsky (2002) zeigten in ihrer Metaanalyse, dass „Alter" am stärksten mit AC (r = .15) und am schwächsten mit NC (r = .12) korreliert.

Des Weiteren konnte nachgewiesen werden, dass das „Geschlecht" eines Mitarbeiters einen moderaten Einfluss auf das Commitment hat. Demnach sind Frauen in der Regel stärker an die Organisation gebunden als Männer (r = - .15) (Mathieu & Zajac, 1990). Grusky (1966) begründet dies damit, dass Frauen mehr Hindernisse überwinden müssen, um eine Stelle zu erhalten. Mathieu und Zajac (1990) stellen jedoch in Frage, ob diese Aussage noch zeitgemäß ist. Zudem konnten die Autoren moderate Zusammenhänge zwischen Commitment und den personenbezogenen

Einflussfaktoren „Bildung" (r = - .09), „Familienstand" (r = .11), „Gehalt" (r = .18), „Job level" (r = .18) und „Dauer der Betriebszugehörigkeit" (r = .17) feststellen.

Meyer et al. (2002) zeigten in ihrer Metaanalyse zudem, dass demografische Faktoren nur einen schwachen Einfluss auf das Commitment der Mitarbeiter haben. Im Gegensatz dazu konnte ein positiver starker Zusammenhang zwischen „persönlich wahrgenommener Kompetenz" und AC (r = .63) ermittelt werden (Mathieu & Zajac, 1990). Morris und Sherman (1981) vertreten die Meinung, dass das Commitment wächst, wenn die Organisation das Verlangen der Mitarbeiter nach persönlicher Weiterentwicklung erkennt und befriedigt. Westphal und Gmür (2009) ergänzen in diesem Zusammenhang, dass außerdem „Systemvertrauen", „Selbstbewusstsein auf Basis der Organisationszugehörigkeit" und „christliche Arbeitsethik" stark positiv (r > 0.4) mit Commitment korrelieren.

Bei den arbeitssituationsbezogenen Faktoren konnten starke Korrelationen zwischen Commitment und „Vorgesetztenkommunikation" (r = .45) sowie zwischen Commitment und „Komplexität der Aufgabe" (r = .50) festgestellt werden (Mathieu & Zajac, 1990). Des Weiteren konnte nachgewiesen werden, dass die Arbeitsmerkmale „Fähigkeitsvielfalt" (r = .21) und „Herausforderung" (r = .35) mittelstark positiv mit Commitment korrelieren. Darüber hinaus haben „Autonomie", „Gruppenzusammenhalt" und „Abwechslung in der Aufgabe" gemäß Westphal und Gmür (2009) einen moderaten Einfluss (r < 0.2) auf das Commitment. Die Einflussfaktoren „Rollenmehrdeutigkeit" (r = - .22), „Rollenkonflikt" (r = - 0.27) und „Aufgabenüberlastung" (r = - .21) korrelieren hingegen mittelstark negativ mit Commitment. Mathieu und Zajac (1990) konnten in ihrer Metaanalyse außerdem nachweisen, dass ein „partizipativer Führungsstil" innerhalb der Führungsstile den höchsten positiven Einfluss hat (r = .39), gefolgt von dem „mitarbeiterorientierten Führungsstil" (r = .34) und dem „aufgabenorientierten Führungsstil" (r = .29).

Bei den organisationsbezogenen Einflussfaktoren ist vor allem die „wahrgenommene organisationale Unterstützung" von Mitarbeitern (perceived organizational support, POS) hervorzuheben. Unter POS verstehen Eisenberger, Huntington, Hutchison und Sowa (1986) die Überzeugung von Mitarbeitern, wie sehr das Unternehmen die persönliche Leistung wertschätzt beziehungsweise würdigt und sich um das Wohlergehen der Organisationsmitglieder kümmert. POS korreliert mit allen drei Formen des Commitments stark positiv. POS ist darüber hinaus einer der stärksten (r = .63) Prädikatoren von AC (Meyer et al., 2002).

Neben POS spielt zudem auch die „interaktionale Gerechtigkeit" eine bedeutende Rolle, da auch diese stark positiv mit Commitment korreliert (r = .50). Hervorzuheben ist in diesem Zusammenhang auch, dass die „distributive Gerechtigkeit" (r = .38) mittelstark positiv mit AC korreliert (Meyer et al., 2002). Des Weiteren konnte ein starker positiver Zusammenhang (r > 0.4) zwischen AC und „positivem Diversity-Klima" festgestellt werden (Westphal & Gmür, 2009). Die Einführung innovativer Human Resources Management-Praktiken, beispielsweise „Mitarbeiter-Akquisitions-Strategien" und „Entlohnung und Anreize" haben gemäß Agarwala (2003) ebenfalls einen starken Einfluss auf das AC.

Darüber hinaus korrelieren die „persönlichen Karrierechancen" sowie „Entwicklungsförderungen" mittelstark mit AC (Westphal & Gmür, 2009). Eine moderat negative Korrelation liegt gemäß Mathieu und Zajac (1990) zwischen Commitment und „Zentralisation" vor (r = - .06). Die Autoren konnten allerdings keine Zusammenhänge zwischen der „Größe der Organisation" und Commitment nachweisen. Stevens, Beyer und Trice (1978) gehen davon aus, dass es in größeren Unternehmen durch eine höhere Anonymität schwieriger ist, eine Bindung aufzubauen. Andererseits haben große Unternehmen auch Vorteile, da sie in der Regel Mitarbeitern mehr Spielraum bei der persönlichen und beruflichen Weiterentwicklung bieten können und so positiv auf deren Commitment einwirken können.

Da das OC ein multidimensionales Konstrukt darstellt, variieren die Einfluss- und Ergebnisfaktoren sowie die kovariierenden Variablen mit der Dimension des organisationalen Comittments. In der Forschung besteht keine Einigkeit hinsichtlich der Kausalität der Konstrukte, sodass die kovariierenden Variablen sowohl als Moderator- als auch Einflussvariable untersucht werden (Meyer et al., 2002). Die am häufigsten untersuchten kovariierenden Variablen des OCs sind „Motivation" und „Arbeitszufriedenheit".

Caldwell, Chatman und O'Reilly (1990) sprechen in diesem Zusammenhang von einem interdependenten Verhältnis zwischen Commitment und Motivation. Meyer, Becker und Vandenberghe (2004) vertreten die Auffassung, dass Commitment als ein besonders starker, zu beabsichtigtem Verhalten führender Treiber im Motivationsprozess interpretiert werden kann. Im Gegensatz zu Motivation ist Commitment jedoch auf langfristige Ziele ausgerichtet und weniger situationsabhängig (van Dick, 2004).

Bei der Frage nach dem Verhältnis zwischen Commitment und Arbeitszufriedenheit gehen Felfe, Schmook, Six und Wieland (2005) von einem interdependenten

Verhältnis aus. Die Autoren verstehen Arbeitszufriedenheit dabei als einen psychologischen Zustand und als Ausdruck von der Arbeitssituation betreffenden erfüllten Wünschen (Lersch, 1956). Ähnlich wie Motivation ist Arbeitszufriedenheit weniger stabil und spontaner als Commitment, welches auf einer relativen Selbstbindung beruht (Mathieu & Zajac, 1990). Nachdem an dieser Stelle die Einflussfaktoren des OCs beleuchtet wurden, werden im nächsten Schritt die wesentlichen Ergebnisfaktoren des OCs dargestellt.

2.2.5 Ergebnisfaktoren des organisationalen Commitments

Verschiedene Autoren konnten belegen, dass AC sowohl mit der „Anwesenheit in der Organisation" als auch mit der „Loyalität" dieser gegenüber positiv korreliert (Mathieu & Zajac, 1990; Meyer & Allen, 1997). Im Gegensatz dazu konnte zwischen KC und „Loyalität" kein Zusammenhang nachgewiesen werden. Zudem können Unternehmen davon ausgehen, dass Mitarbeiter, die ein hohes AC aufweisen, versuchen Probleme selbstständig und aktiv zu bewältigen. Ferner konnte ein positiver Zusammenhang zwischen der „Arbeitsleistung" eines Mitarbeiters und dessen AC nachgewiesen werden. Demnach fühlen sich Organisationsmitglieder mit hohem AC der vom Unternehmen geforderten und in der Stellenbeschreibung notierten Leistung besonders verpflichtet (Meyer & Allen, 1997). Darüber hinaus konnte zwischen AC und „Organizational Citizenship Behavior" ebenfalls eine positive Beziehung festgestellt werden. Dieses beschreibt das Mitarbeiterengagement, welches über die von der Organisation beziehungsweise laut der Stellenbeschreibung geforderte Leistung hinausgeht.

In der Wissenschaft konnten darüber hinaus aber auch negative Zusammenhänge herausgearbeitet werden. So konnte beispielsweise nachgewiesen werden, dass AC und NC signifikant negativ mit „Stress" und weiteren Faktoren wie „körperlicher und emotionaler Erschöpfung" korrelieren. NC ist ebenfalls ein, wenn auch im Vergleich zum AC verglichen schwächerer, Prädikator von „Arbeitsleistung" und „Organizational Citizenship Behavior" (Mathieu & Zajac, 1990).

Weisen Mitarbeiter jedoch kein Commitment auf, kann dies weitreichende Folgen haben. Mathieu und Zajac (1990) konnten in ihrer Metaanalyse nachweisen, dass zwischen AC und „Fluktuationsneigung" (r = -.52), sowie zwischen AC und „tatsächlicher Fluktuation" (r = -.28) ein negativer Zusammenhang besteht. Dieser negative Zusammenhang konnte grundsätzlich in weiteren Untersuchungen belegt werden, wobei die Korrelationswerte unterschiedliche Höhen aufwiesen (Cooper-Hakim & Viswesvaran, 2005; Meyer et al.,2002). Nachdem das OC sowie seine Einfluss- und

Ergebnisfaktoren dargestellt wurden, wird im nächsten Schritt auf die Rolle von Anreizsystemen als Einflussfaktoren des OCs eingegangen.

2.3 Anreizsysteme

Anreizsysteme können als organisatorische Subsysteme verstanden werden. Diese werden insbesondere zur Erreichung der unternehmerischen Ziele eingesetzt. Dabei wird das Verhalten der Organisationsmitglieder durch bewusst gestaltete Arbeitsbedingungen (positive und negative Stimuli) beeinflusst, um so einen Beitrag zur Erreichung der Unternehmensziele zu erreichen (Becker, 1995). Folglich können Anreize als spezifische Situationsbedingungen definiert werden, die dazu dienen, die Motivation von Individuen beziehungsweise von Mitarbeitern zu aktivieren (Rosenstiel, 1992). Kaplan und Norton (2006) verstehen Anreize als zusätzliche Zahlung, die zur Motivation, Leistungsverbesserung und Ermutigung der Mitarbeiter genutzt werden, um so die Organisationsmitglieder an das Unternehmen zu binden.

Gemäß Siegert (1999) ist es optimal, wenn betriebliche Anreize so eingesetzt werden, dass diese sowohl die Organisationsziele als auch die Mitarbeiterinteressen berücksichtigen und demzufolge die Organisationsmitglieder dazu motivieren, an der Erreichung der Unternehmensziele mitzuwirken. Kaplan und Norton (2006) betonen in diesem Zusammenhang, dass Anreizsysteme bei zielgerichtetem Einsatz zu den wirkungsvollsten Instrumenten des Unternehmens gehören, um die Erreichung von Unternehmenszielen sicherzustellen. In der Praxis versuchen einige Organisationen ihre Mitglieder größtenteils mit monetären Anreizen zu Höchstleistungen zu motivieren. Allerdings wird die Motivation, die nicht durch Geldanreize beeinflusst wird, demnach oft vernachlässigt (Frey & Osterloh, 2002). Auf den wissenschaftlichen Status Quo zum Zusammenhang zwischen Motivation und Anreizsystemen wird in dieser Arbeit im Folgenden nicht weiterführend eingegangen. Stattdessen werden nachfolgend einerseits sowohl die Anreizfunktionen nach Winter (1997) vorgestellt als auch im nächsten Schritt die unterschiedlichen Ausprägungen von Anreizsystemen diskutiert.

2.3.1 Anreizfunktionen

Gemäß Winter (1997) haben Anreizsysteme drei Funktionen zu erfüllen:

- Motivationsfunktion,
- Selektionsfunktion,
- Koordinationsfunktion.

Die Motivationsfunktion trägt dazu bei, dass Anreizsysteme die Motivation der Mitarbeiter fördern, indem schlechte Leistungen sanktioniert und gute Leistungen belohnt werden. Hierbei lassen sich zwei weitere Funktionen unterscheiden: die Aktivierungsfunktion und die Lenkungsfunktion. Durch die Aktivierungsfunktion soll die Leistungsmotivation der Mitarbeiter allgemein gesteigert werden. Dies wird durch die Aktivierung der vorhandenen Mitarbeitermotive erreicht, um so die gesamten Qualifikationen der Mitarbeiter optimal zu nutzen (Becker, 1995). Demgegenüber zielt die Lenkungsfunktion auf die Kongruenz der individuellen Mitarbeiterziele mit den organisationalen Zielen ab. Hierfür wird die vorhandene Motivation der Mitarbeiter so gelenkt, dass die Arbeitsleistungen der Arbeitnehmer zu einem positiven Ertrag beziehungsweise einer wünschenswerten Entwicklung der Organisation beitragen (Winter, 1996).

Im Gegensatz zur Motivationsfunktion zielt die Selektionsfunktion darauf ab, die richtigen Mitarbeiter für das Unternehmen zu gewinnen und diese demzufolge auch an die Organisation zu binden und zu halten (Winter, 1997). Dem Anreizsystem kommt dabei eine Art Signalwirkung zu. Potentielle Bewerber sollen durch dieses Signal positiv beeinflusst werden. Demnach sollten Anreizsysteme kongruent zu den Erwartungen und Wünschen der Zielgruppe sein, damit diese Form der Selbstselektion durch die potentiellen Bewerber ausgeführt werden kann. Dieser Schritt ist vor allem aus Kostengründen vorteilhaft, da er als Vorstufe der eigentlichen Selektion des Unternehmens anzusehen ist. Zudem hat die Selektionsfunktion auch eine interne Wirkung. So können Anreizsysteme wie beispielsweise Leistungsevaluationen wichtige Informationen für nötige Personalentwicklungs- und Karrieremaßnahmen liefern (Winter, 1996) und Mitarbeitern als Orientierung dienen, wie bestimmtes Verhalten und Handeln bewertet und möglicherweise belohnt oder sanktioniert wird (Becker, 1995).

Unter der Koordinationsfunktion versteht Winter (1997), dass Anreizsysteme dazu beitragen, die Kooperationsbereitschaft in Organisationen zu fördern und egoistisches Verhalten zu unterdrücken. Sofern Unternehmen leistungsorientierte Anreizsysteme einsetzen, besteht die Gefahr, dass unkooperatives Verhalten verstärkt wird. Diese Art von Anreizen erhöht möglicherweise den Wettbewerb zwischen den rational handelnden Individuen, da diese ihren Belohnungsanteil maximieren wollen (Winter, 1996). Um dem entgegenzuwirken sollten Unternehmen Anreize schaffen, die kollektive Interessen wahrnehmen und Interdependenzen aufzeigen. Zudem sollten sie den Arbeitnehmern Möglichkeiten bieten, diese gegenseitige Abhängigkeit in ihren Handlungen zu berücksichtigen und somit kollektives Verhalten begünstigen. Der Einsatz von Gruppenanreizen ist empfehlenswert, da dadurch die Handlungen auf ein gemeinsames Ziel ausgerichtet werden (Winter, 1997). Des Weiteren ist für die Erreichung der Koordinationsfunktion die Nutzung von intrinsischer Motivation vorteilhaft. Diese trägt unter anderem dazu bei, dass implizites Wissen übertragen wird und Mitarbeiter ihre Handlungen gemäß den Unternehmenszielen ausführen beziehungsweise anpassen. Somit kann intrinsische Motivation als Basis für kollektives Verhalten angesehen werden und führt demnach zu langfristigen Wettbewerbsvorteilen (Osterloh & Frost, 2000). Aus diesem Grund ist es wichtig, dass Anreizsysteme intrinsische Motivation erzeugen. Dies gelingt Unternehmen beispielsweise durch Anreize, welche die Kommunikation und Partizipation fördern, und durch ein von Mitarbeitern als fair wahrgenommenes Belohnungssystem (Weibel & Rota, 2000).

Im Gegensatz zu Winter (1997) unterscheiden Berthel und Becker (2010) nicht drei, sondern sechs Funktionen von betrieblichen Anreizsystemen. Neben der Motivationsfunktion, der Selektionsfunktion und der Koordinationsfunktion nennen die Autoren zudem die Steuerungsfunktion, die Informationsfunktion und die Veränderungsfunktion. Ihrer Meinung nach besagt die Steuerungsfunktion, dass eine Verknüpfung von Anreizen und Unternehmenszielen möglich ist und sowohl durch positive als auch negative Sanktionen Mitarbeiterverhalten beeinflusst werden kann.

Die Informationsfunktion beinhaltet, dass Anreize Informationen über das Strategie- beziehungsweise Zielsystem der Organisation liefern und Anhaltspunkte hinsichtlich der angestrebten Unternehmenskultur vermitteln. Die Veränderungsfunktion beschreibt, dass Anreize zudem neue Anforderungen und Erwartungen an die Mitarbeiter vermitteln, sofern das Unternehmen als Folge von Umstrukturierungen Wandlungsstrategien verfolgt. Im nächsten Abschnitt der Arbeit werden die unterschiedlichen Ausprägungsformen und Einteilungsmöglichkeiten von Anreizsystemen diskutiert.

2.3.2 Materielle Anreizsysteme

Diese Art von betrieblichen Anreizsystemen wird in der Literatur auch unter den Begriffen Entlohnungs-, Entgelt- oder Vergütungssysteme zusammengefasst. Diese lassen sich nach Stock-Homburg und Groß (2010) in drei Komponenten untergliedern:

- fixe Vergütung,
- variable Vergütung,
- Zusatzleistungen.

Diese materiellen Anreize können aber an spezifische Voraussetzungen gebunden sein. Das Grundgehalt, welches auch als fixe Vergütung bezeichnet wird, unterliegt in der Regel keinen bestimmten Voraussetzungen. Das bedeutet, dass es nicht von der individuellen Leistung oder dem Unternehmenserfolg abhängig ist. Gemäß Stock-Homburg und Groß (2010) erfüllt die Mitarbeitervergütung dabei folgende Aufgaben: Bindung, Kooperationsbereitschaft, Leistungssteigerung, Motivation, Sicherheit und Selektion.

Zusatzleistungen sind ebenfalls grundsätzlich nicht an Voraussetzungen geknüpft. Diese Leistungen werden jedoch nicht immer an alle Organisationsmitglieder gleichermaßen verteilt. Zusatzleistungen lassen sich zudem in soziale und sonstige Leistungen unterteilen (Balkin & Bannister, 1993). Zu den Sozialleistungen zählen gesetzliche, tarifliche und vom Unternehmen freiwillig geleistete Zahlungen. Bei den sonstigen Leistungen kann zwischen Sachleistungen und Dienstleistungen unterschieden werden (Becker & Kramarsch, 2006).

Im Gegensatz zu der fixen Vergütung und den Zusatzleistungen unterliegt die variable Vergütung vorab festgelegten und dem Mitarbeiter bekannten Voraussetzungen. Demnach wird diese Art der Vergütung erst ausgezahlt, wenn die Voraussetzungen hierfür erfüllt worden sind. Als Bemessungsgrundlage wird eine Unterscheidung in individuelle Leistung und in Unternehmensleistung vorgenommen (Balkin & Bannister, 1993). Wird die individuelle Leistung als Bemessungsgrundlage angewandt kann der Mitarbeiter bei Zielerreichung beispielsweise eine Prämie oder Provision erhalten. Fungiert die Unternehmensleistung als Bemessungsgrundlage sind als Anreiz für den Mitarbeiter beispielsweise eine Kapitalbeteiligung (Eigen- oder Fremdkapital) oder eine Erfolgsbeteiligung mögliche Vergütungsformen.

Hayes und Schaefer (1999) merken in diesem Zusammenhang an, dass die Vergütung in Relation zur Mitarbeiterleistung stehen sollte. Dies ist eine wichtige

Voraussetzung für die Anreizwirkung. Sofern die Vergütung keine variable Komponente enthält, wird diese nicht durch die Leistung des Organisationsmitglieds beeinflusst (Baker, Jensen & Murphy, 1988). Im nächsten Schritt wird auf die immateriellen Anreize, als zweite große Gruppe innerhalb der Anreizsysteme eingegangen.

2.3.3 Immaterielle Anreizsysteme

Immaterielle Anreize werden in der Literatur häufig auch als nicht-materielle oder nicht-monetäre Anreize bezeichnet (Hormel & Seibt, 2017). Des Weiteren herrscht Einigkeit darüber, dass diese immateriellen Anreize zunehmend eine stärkere Bedeutung bei der Erreichung von Unternehmenszielen einnehmen (Finkelstein & Hambrick, 1989; Kressler, 2001; Rosenstiel, 2010; Weitzel, 2014). Hentze et al. (1997) ergänzen in diesem Zusammenhang, dass die Bedeutung von immateriellen Anreizen insbesondere dann hoch ist, wenn keine Möglichkeit für Organisationsmitglieder besteht, die von ihnen getätigte Arbeitsleistung sowohl in quantitativer als auch qualitativer Weise zu beeinflussen. Immaterielle Anreizsysteme nehmen folglich eine zentrale Rolle bei der Identifikation des Mitarbeiters mit dem Unternehmen sowie bei dessen Leistungsaktivierung ein (Kressler, 2001).

Für die Wirksamkeit von immateriellen Anreizen sind dabei insbesondere die individuellen Mitarbeiterbedürfnisse und Werte ausschlaggebend. Laut Rosenstiel (2010) liegt die Begründung hierfür darin, dass die Motive und Ansprüche von Menschen unterschiedlich sind. So streben beispielweise manche Organisationsmitglieder einen speziellen „Titel" (z.B. Senior Manager) an, wohingegen das Verleihen eines „Arbeitstitels" bei anderen Mitarbeitern keine positive Wirkung hervorruft. Zudem sollten beim Einsatz von immateriellen Anreizen auch alters- und berufsgruppenbedingte Unterschiede vom Unternehmen berücksichtigt werden. So sind beispielsweise Fachkräfte demnach meistens mehr am Inhalt der Arbeit interessiert als Hilfskräfte. Ein anderes Beispiel für die Sinnhaftigkeit von individuellen Anreizsystem ist, dass Mitarbeiter, die der Generation X oder Y zuzuordnen sind, oftmals andere Werte vertreten beziehungsweise Ziele anders priorisieren als Mitglieder der Babyboomer-Generation.

Die Autoren Hormel und Seibt (2017) merken aber an, dass es aus arbeits- und organisationspsychologischer Sicht dennoch Anreize gibt, die für die meisten Organisationsmitglieder von Bedeutung sind. Unter anderem nennen die Autoren Entwicklungsmöglichkeiten und –perspektiven im Unternehmen. Sie plädieren dafür, sowohl Bewerbern als auch Mitarbeitern interne Entwicklungsmöglichkeiten aufzuzeigen und durch individuelle Personalentwicklungsmaßnahmen zu ermöglichen. Des Weiteren spielt die Arbeitsgestaltung eine wichtige Rolle, da diese einen Einfluss auf die intrinsische Motivation der Organisationsteilnehmer hat (Rosenstiel & Nerdinger, 2011). Außerdem wird die Attraktivität eines Arbeitgebers zudem für alle Altersgruppen durch den Einsatz einer flexiblen Arbeitszeitgestaltung erhöht. Dazu zählen unter anderem Teilzeitmodelle, Sabbaticals, als auch die Möglichkeit im Home-Office zu arbeiten (Weitzel, 2014). Ein weiterer immaterieller Anreiz, der für viele Mitarbeiter von Bedeutung ist, ist das Gesundheitsmanagement im Unternehmen. Insbesondere durch den demografischen Wandel wächst zudem die Relevanz für ein ganzheitliches Konzept, welches alle Altersgruppen anspricht.

Während Einigkeit über die zunehmende Bedeutung von immateriellen Anreizen herrscht (Finkelstein & Hambrick, 1989; Kressler, 2001; Rosenstiel, 2010; Weitzel, 2014), differieren die Meinungen im Hinblick auf eine einheitliche Trennung zwischen materiellen und immateriellen Anreizen. Darüber hinaus herrscht auch Uneinigkeit über die Kategorisierung der nicht materiellen Anreize. So untergliedern Hentze et al. (1997) immaterielle Anreize in folgende Kategorien: interaktionsbezogene (z.B. Kommunikation und Führung), entwicklungsbezogene (z.B. Personalentwicklung und Beförderung), handlungsbezogene (z.B. Arbeitsinhalte und Arbeitszeitmodelle) und unternehmensbezogene (z.B. Unternehmenskultur) Anreize. Im Gegensatz dazu greift Yavuz (2004) den Vorschlag von Meacham und Wiesen (1969) auf, die eine Klassifizierung in zwei Kategorien vornehmen und erweitert deren Konzept um eine dritte Komponente. In dieser Arbeit wird dem Vorschlag von Yavuz (2004) gefolgt und folgende Unterscheidung der immateriellen Anreize vorgenommen:

- soziale Anreize,

- haptische Anreize,

- arbeitsbezogene Anreize.

Soziale Anreize beziehen sich auf die Beziehung zwischen Vorgesetzten und Mitarbeiter. Sie umfassen formelle und informelle Anerkennungen wie zum Beispiel Auszeichnungen zum Mitarbeiter des Monats oder Dankesbriefe für gute Arbeit sowie betriebliche und außerbetriebliche Aktivitäten. Diese Art von nicht-monetären Anreizen zeigt dem Organisationsmitglied, dass er von seinem Vorgesetzten wertgeschätzt wird (Bandiera, Barankay & Rasul, 2010). Alderfer (1972) betont in diesem Zusammenhang, dass soziale Anreize für die Organisation besondere Relevanz haben, da sie für die Organisation keine oder nur geringe Kosten generieren.

Im Gegensatz dazu umfassen haptische nicht-monetäre Anreize Güter und Sachleistungen mit Hilfe derer der Vorgesetzte Mitarbeiter motivieren und für gute Arbeit belohnen kann. Dazu zählen unter anderem Freikarten, Gutscheine und Geschenke (Jeffrey & Shaffer, 2007). Die haptischen Anreize werden den nicht-monetären Anreizen zugeordnet, obwohl den Gütern oder Sachleistungen in der Regel ein monetärer Wert beigemessen werden kann. Jeffrey und Shaffer (2007) ergänzen in diesem Zusammenhang, dass der Wert des haptischen Anreizes für den Mitarbeiter sich direkt proportional zu dem inneren Widerstand verhält, den der Mitarbeiter verspüren würde, wenn er sich das Geschenkte mit seinem eigenen Geld kaufen müsste. Die haptischen Anreize werden unter anderem auch deshalb den immateriellen Anreizen zugeordnet, weil das Beschenken eines Mitarbeiters auch eine Wirkung auf andere Mitarbeiter hat. Der haptische Anreiz fungiert als Symbol für die gute Leistung des Mitarbeiters und zeigt anderen Mitarbeitern, dass die Leistung des beschenkten Mitarbeiters im Unternehmen honoriert wird, was im nächsten Schritt auch die Reputation des Mitarbeiters in der Belegschaft erhöht und das Signal an die anderen Mitarbeiter sendet, dass gute Leistung belohnt wird.

Als dritte Gruppe innerhalb der immateriellen Anreize nennt Yavuz (2004) arbeitsbezogene Anreize. Bei dieser Form von immateriellen Anreizen wird die Leistung des Mitarbeiters zum Beispiel durch das Verleihen eines Titels (Senior Manager, Vice President, etc.) honoriert. Ebenfalls zur Gruppe der arbeitsbezogenen Anreize zählen: Beförderungen, Verleihen von Entscheidungskompetenz, Job-Rotation, neue (wichtigere) Aufgabenbereiche oder Zielvereinbarungen. Diese Anreize haben insbesondere bei solchen Mitarbeitern einen hohen Wirkungsgrad, welche nicht durch monetäre Anreize motiviert werden können, sondern ihre Motivation aus dem Erreichen von Zielen generieren.

Abbildung 1 visualisiert die beschriebene Einteilung der immateriellen Anreize nach Yavuz (2004) in soziale, haptisch nicht-monetäre und arbeitsbezogene Anreize. Zudem werden beispielhaft verschiedene Ausprägungsformen der drei Kategorien dargestellt.

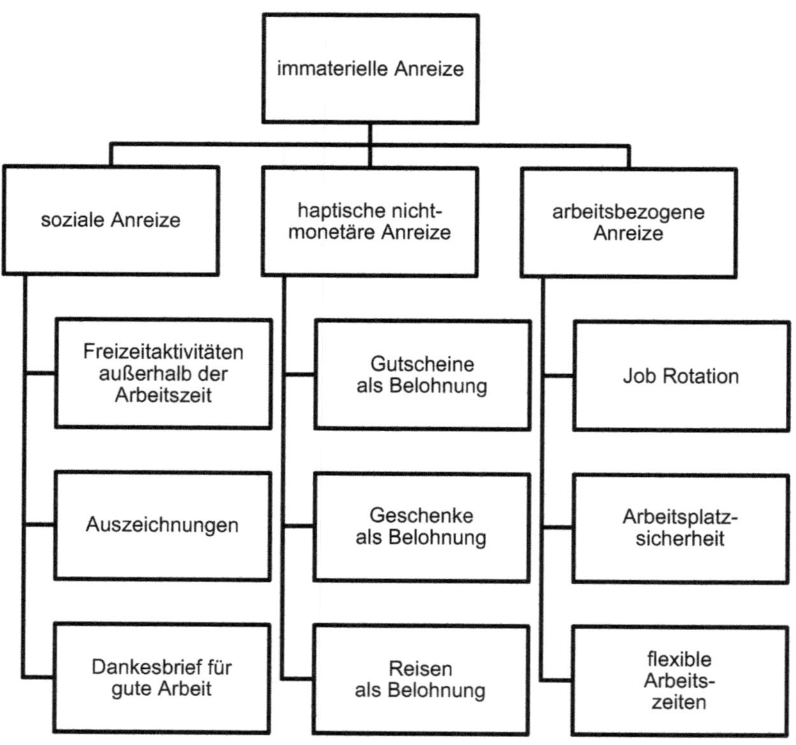

Abbildung 1 Einteilung immaterieller Anreize
(Quelle: eigene Darstellung in Anlehnung an Yavuz 2004).

Im nächsten Schritt wird auf den Zusammenhang zwischen Anreizsystemen und OC eingegangen. Dabei bilden aktuelle Studienergebnisse den Schwerpunkt.

2.4 Anreizsysteme und organisationales Commitment

Um die Mitarbeiterbindung beziehungsweise das OC von Mitarbeitern zu erhöhen, haben Unternehmen diverse Möglichkeiten. Einige davon wurden bereits in Unterabschnitt 2.2.4 angesprochen. Im Folgenden soll nun der Zusammenhang zwischen Anreizsystemen und OC anhand von aktuellen Studien dargestellt werden.

Armstrong und Murlis (2007) weisen darauf hin, dass es wichtig ist, dass die Leistung der Mitarbeiter sowohl durch monetäre als auch durch nicht-monetäre Belohnungen honoriert wird. Sofern diese Anreize für den Arbeitnehmer attraktiv sind, entsteht Commitment (Armstrong & Taylor, 2014). Jiang, Xiao, Qi und Xiao (2009) vertreten ebenfalls die Meinung, dass Anreize die Effizienz von Unternehmen stärken können, da diese sowohl die Mitarbeitermotivation als auch das Commitment erhöhen. Gemäß Danish und Usman (2010) hingegen erhöhen Anreize die Mitarbeitermotivation, welche wiederum einen Effekt auf das Commitment der Mitarbeiter hat. Auch eine Untersuchung von Luthan, Peterson und Suzan (2006) konnte zeigen, dass nicht-monetäre Anreize einen positiven Einfluss auf das OC der Mitarbeiter haben. Die Autoren stellten zudem fest, dass immaterielle Anreize wie zum Beispiel flexible Arbeitszeiten, Weiterbildungen, Wertschätzung, Lob oder zusätzliche Urlaubstage das Commitment der Organisationsmitglieder steigern können.

Nicht-monetäre Belohnungen beziehungsweise Anreize sind bezogen auf das AC stärkere Prädikatoren als monetäre Belohnungen (Malhotra, Budhwar & Prowse, 2007). Gemäß Chiang und Birtch (2009) führt das Angebot von immateriellen Anreizen, wie zum Beispiel eine Erhöhung der Urlaubstage, dazu, dass Organisationsmitglieder ihren Arbeitgeber als unterstützende und wertschätzende Organisation wahrnehmen. Zudem konnten Mohammed und Michael (2007) in ihrer Studie belegen, dass Mitarbeiterschulungen und AC in einer positiven Beziehung zueinanderstehen. Des Weiteren wiesen sie nach, dass durch Schulungsmaßnahmen auch das KC von Mitarbeitern ansteigt.

Bezogen auf den zuvor angesprochenen „War for Talents" können Unternehmen nach Jensen, McMullen und Stark (2007) einen Wettbewerbsvorteil erzielen, wenn sie attraktivere immaterielle Anreize anbieten und die materiellen Anreize zu den Leistungen anderer Unternehmen vergleichbar sind. Dalvi und Ebrahimi (2013) merken an, dass die angebotenen Anreize an die Bedürfnisse der Mitarbeiter angepasst werden sollten. Im Gegensatz zur Annahme von Suliman und Iles (2000), dass es keinen Unterschied zwischen den Geschlechtern bezogen auf das AC gibt, wiesen Aven, Parker und Glen (1993) nach, dass Frauen allgemein weniger OC aufweisen als Männer. Diese Erkenntnis sollten Unternehmen bei der Ausgestaltung ihrer Anreizsysteme berücksichtigen.

Bezogen auf monetäre Anreize konnten Sweeney und McFarlin (1993) nachweisen, dass Mitarbeiter, die ihr Gehalt als fair empfinden ein höheres KC aufweisen als Mitarbeiter, die sich unterbezahlt fühlen. Des Weiteren korreliert Bezahlung gemäß Ramamoorthy und Flood (2004) stärker mit AC als mit NC. Im Gegensatz dazu korreliert der steigende Einfluss des Mitarbeiters durch Aktienbeteiligung stärker mit NC als mit AC (Culpepper, Gamble & Blubaugh, 2004).

Eine im Jahr 2016 in Kenia durchgeführte Studie untersuchte den Mediatoreffekt von Mitarbeiterbindung auf die Beziehung zwischen Anreizen und Mitarbeiterperformance. Es konnte nachgewiesen werden, dass sowohl monetäre als auch nicht-monetäre Anreize eine positive Auswirkung auf die Mitarbeiterbindung und die -performance haben. Gemäß ihrer Untersuchung korrelieren sowohl Mitarbeiterbindung und monetäre Anreize ($r = .63$) als auch Mitarbeiterbindung und nicht-monetäre Anreize ($r = .81$) stark positiv. Des Weiteren konnte nachgewiesen werden, dass zwischen Mitarbeiterbindung und -performance ein signifikant positiver Zusammenhang vorliegt beziehungsweise, dass Commitment einen direkten Effekt auf die Performance der Mitarbeiter hat. Demnach haben monetäre und nicht-monetäre Anreize einen positiven Effekt auf die Mitarbeiterleistung (Kavuludi, Chege, Kemboi, Onyango, Bii & Oluoch, 2016).

Khan, Tarif und Zubair untersuchten in einer Studie aus dem Jahr 2016 den Einfluss von nicht-monetären Anreizen auf das OC von Mitarbeitern in Pakistan. In dieser unterteilten sie die immateriellen Anreize in soziale, haptische und arbeitsbezogene Anreize. Gemäß den Autoren bewirkt eine Zunahme von Anreizen einen Anstieg der Verbundenheit zur Organisation ($rs = .510$, $p < .001$). Das bedeutet, je mehr immaterielle Anreize, desto höher das OC der Mitarbeiter. Soziale Anreize, wie zum Beispiel mündliches Lob oder Wertschätzung, spielen dabei laut den Ergebnissen der Studie keine zentrale Rolle ($rs = -.070$, $p = .361$). Im Gegensatz dazu konnten die Autoren nachweisen, dass haptische nicht-monetäre Anreize einen (wenn auch schwachen) Einfluss ($rs = .192$, $p = .008$) auf das OC haben. Arbeitsbezogene Anreize hingegen haben gemäß der Untersuchung einen stärkeren Einfluss ($rs = .637$, $p < .001$) auf das OC. Mitarbeiter werden demnach am stärksten durch Anreize wie zum Beispiel Job-rotation, Job-enrichment, Aufstiegschancen und flexible Arbeitszeiten an das Unternehmen gebunden. Zum Abschluss des theoretischen Teils werden die Hypothesen der Arbeit vorgestellt.

2.5 Hypothesenbildung

Zur Beantwortung der Forschungsfrage: „Welchen Einfluss haben immaterielle Anreizsysteme auf das OC?" werden folgende sechs Hypothesen aufgestellt:

Hypothese 1: Das Angebot von sowohl immateriellen als auch materiellen Anreizen hat einen positiven Einfluss auf das OC der Probanden.

Hypothese 2: Je mehr soziale Anreize, desto höher das OC.

Hypothese 3: Je mehr haptische Anreize, desto höher das OC.

Hypothese 4: Je mehr arbeitsbezogene Anreize, desto höher das OC.

Hypothese 5: Das Angebot von immateriellen Anreizen hat einen positiven Einfluss auf das OC von Frauen.

Hypothese 6: Das Angebot von immateriellen Anreizen hat einen positiven Einfluss auf das OC von Angestellten.

Wenn diese Hypothesen angenommen werden können, ist davon auszugehen, dass immaterielle Anreizsysteme einen Einfluss auf die Mitarbeiterbindung haben und Unternehmen diese verstärkt einsetzen sollten, um Wettbewerbsvorteile zu erhalten und Mitarbeiter langfristig zu binden.

3 Methode

3.1 Stichprobe und Messinstrument

Die für diese Arbeit interessierende Stichprobe bezog sich auf in Deutschland angestellte Arbeitnehmer. Die Studie umfasste zwei Untersuchungsgruppen. Die Experimentalgruppe bestand aus Probanden, die zum einen sowohl materielle als auch immaterielle Anreize von ihrem Arbeitgeber erhalten und zum anderen aus Probanden, die nur immaterielle Anreize bekommen. Die Kontrollgruppe bestand aus Probanden, die bei der Umfrage angaben, lediglich materielle Anreize zu beziehen.

Die Hypothesenuntersuchung wurde anhand einer quantitativen Methode vollzogen. Hierbei handelte es sich um eine Querschnittstudie, d.h. die Daten wurden nur zu einem und nicht zu mehreren Messzeitpunkt erhoben. Diese Datenerhebung erfolgte über einen Online-Fragebogen, welcher zuvor selbst erstellt wurde. Die genaue Darstellung der Durchführung erfolgt in Abschnitt 3.2. Mit Hilfe dieses Fragebogens wurden die Konstrukte „OC" und „POS" erhoben. POS wurde mit einer eigenen Itemsammlung erhoben, da dieses wie in Unterabschnitt 2.2.5 beschrieben wurde, ein wichtiger Einflussfaktor des OCs von Mitarbeitern ist. Fragen zu den vorhandenen Anreizsystemen im Unternehmen ergänzten den Fragebogen.

Das OC der Probanden wurde über die 14 Items für Verbundenheit und Identifikation mit der Organisation von der deutschen Commitment Skala COBB (Commitment Organisation, Beruf und Beschäftigungsform) nach Felfe, Six und Schmook und Knorz (2014) erfasst. Lediglich ein Item ist negativ gepolt. Die Antworten der Probanden wurden auf einer fünfstufigen Likert-Skala erfasst. Dieses Erhebungsinstrument wurde gewählt, da es alle drei Kategorien des OCs nach Meyer und Allen (1991), d.h. AC, NC und KC berücksichtigt und zudem eine differenzierte Betrachtung dieser zulässt. Demnach beinhaltet das Instrument vier Items zur Erhebung des KCs sowie jeweils fünf Items zur Erhebung des ACs und des NCs. Zudem weist das Instrument eine hohe Reliabilität auf. Felfe et al. (2014) geben Cronbachs Alpha (=interne Konsistenz) bei α = .86 für das AC, α = .75 für das KC und α = .77 für das NC an.

Das Konstrukt des POS wurde über das Erhebungsinstrument Perceived Organizational Support (POS-s) nach Siebenaler und Fischer (2020) erfasst. Der POS-s basiert auf acht Items, wobei zwei negativ gepolt sind. Die Beantwortung der Fragen erfolgt in der Originalversion über eine siebenstufige Likert-Skala. In dieser Arbeit wurde allerdings auf eine fünfstufige Likert-Skala zurückgegriffen, da das zuvor abgefragte Konstrukt (OC) ebenfalls anhand einer fünfstufigen Skala erfasst wurde. Die Autoren geben Cronbachs Alpha bei α = .91 an. Demnach kann die Reliabilität des Instruments als sehr gut bezeichnet werden.

Für die Erhebung der betrieblichen Anreize konnte nicht auf einen standardisierten Fragebogen zurückgegriffen werden. Demnach erfolgte eine eigene Zusammenstellung von materiellen und immateriellen Anreizen. Der verwendete Fragebogen wurde der vorliegenden Arbeit beigefügt und ist im Anhang A3 aufgeführt.

3.2 Darstellung der Durchführung

Die Durchführung der Befragung erfolgte im Zeitraum vom 11.08.2020 bis 18.09.2020. Die Konzeption des Online-Fragebogens erfolgte über das Umfragetool „LimeSurvey". Die erste Seite des insgesamt fünfseitigen Instruments beinhaltet einen zum Thema hinführenden Willkommenstext. Dieser umfasst unter anderem Angaben zum Zweck der Umfrage, Anweisungen zum Ausfüllen des Fragebogens sowie Informationen über die durchschnittliche Bearbeitungsdauer von ca. fünf bis maximal zehn Minuten.

Die Abfrage der demografischen Daten, d.h. Geschlecht und Alter erfolgt auf der zweiten Seite des Fragebogens. Die Probanden werden zudem aufgefordert, Angaben zur Branche und Größe, gemessen an Mitarbeitern des Unternehmens in dem sie aktuell tätig sind, zu machen. Des Weiteren werden die Teilnehmer gefragt, welche Position sie innehaben und wie lang sie bereits bei ihrem Arbeitgeber angestellt sind. Auf der nächsten Seite folgen 14 Items zur Erfragung des OCs aus dem COBB nach Felfe et al. (2014). Die Antwortskala der jeweiligen Items reicht dabei von 1 (=trifft nicht zu) bis 5 (=trifft vollständig zu). Demnach wurde der von den Autoren vorgeschlagene Skalenbereich übernommen. Die vierte Seite beinhaltet acht Items zur Erfassung des POS aus dem POS-s nach Siebenaler und Fischer (2020). Um das Ausfüllen des Fragebogens für die Teilnehmer zu erleichtern, wurde hierfür ebenfalls die gleiche fünfstufige Likert-Skala verwendet.

Auf der fünften Seite des Fragebogens finden sich Fragen zu den betrieblichen Anreizen. Die Probanden können aus einer Auswahl von insgesamt 20 Anreizen wählen, welche ihnen durch die Organisation zur Verfügung gestellt werden. Diese Anreize untergliedern sich in acht materielle beziehungsweise monetäre und in zwölf immaterielle beziehungsweise nicht-monetäre Anreize. Abschließend können die Umfrageteilnehmer angeben, welche betrieblichen Anreize sie sich von ihrem

Arbeitgeber zusätzlich wünschen würden. Um mögliche Primingeffekte zu vermeiden, wurden die Fragen zu den Konstrukten OC und POS bewusst vor den Fragen zu den betrieblichen Anreizen gestellt.

Um eine hohe Rücklaufquote zu erzielen und um Probanden aus verschiedenen Branchen, Altersgruppen und Positionen zu erreichen wurde der Online-Fragebogen in diversen sozialen Netzwerken und Foren hochgeladen und zur Verfügung gestellt. Dadurch erfolgte ein Rücklauf von insgesamt 165 vollständig ausgefüllten Fragebögen. 37 Teilnehmer brachen die Umfrage ab. Für die Untersuchung wurden zunächst die Mittelwerte der jeweiligen Commitment Kategorien sowie für das Konstrukt POS für die einzelnen Probanden gebildet. Anhand dieser erfolgten weitere statistische Auswertungen über die Statistikprogramme R, G-Power und Microsoft Excel. Nach der Durchführung der deskriptiven Statistik erfolgte die Prüfung der H1 mittels t-Test für unabhängige Stichproben. Zudem wurde mittels t-Test getestet, ob es Unterschiede bezogen auf das AC zwischen den Probanden der Experimentalgruppe und der Kontrollgruppe gibt. Die Testung der Hypothesen 2, 3 und 4 erfolgte jeweils über Regressionsanalysen sowie über die Berechnung des Korrelationswerts von Spearmans Rho. Damit wurde untersucht, ob die Anzahl der verschiedenen immateriellen Anreize einen Einfluss auf das OC hat, bevor im Anschluss mittels einer Mediatoranalyse überprüft wurde, ob der direkte Effekt von den Anreizen auf das OC durch POS mediiert wird. Die Prüfung der Hypothesen 5 und 6 erfolgte über t-Tests. Die einfaktorielle Varianzanalyse (ANOVA) ohne Messwiederholungen untersuchte, ob das Alter der Probanden der Experimentalgruppe einen Einfluss auf das OC hat.

3.3 Studiendesign

Für die Untersuchung wurden zwei Gruppen gebildet und miteinander verglichen. Die Experimentalgruppe setzt sich aus Probanden mit sowohl immateriellen als auch materiellen Anreizen zusammen. Die zweite Gruppe beinhaltet demnach Probanden, die ausschließlich materielle Anreize von ihrem Arbeitgeber erhalten. Demnach fungiert der Einsatz von Anreizen in dieser Arbeit als Prädikator für die abhängige Variable OC, welches sich in drei Kategorien (AC, NC und KC) unterteilen lässt.

Als weitere Variable wurde POS in den Versuch mit aufgenommen. Somit konnte untersucht werden, ob die Anzahl der immateriellen Anreize einen signifikanten Einfluss auf POS hat und ob dieses einen indirekten Effekt auf das OC hat. Für die gesamte Untersuchung wurde ein Signifikanzniveau von $\alpha = 5\%$ festgelegt. Abbildung 2 visualisiert das methodische Vorgehen der Arbeit.

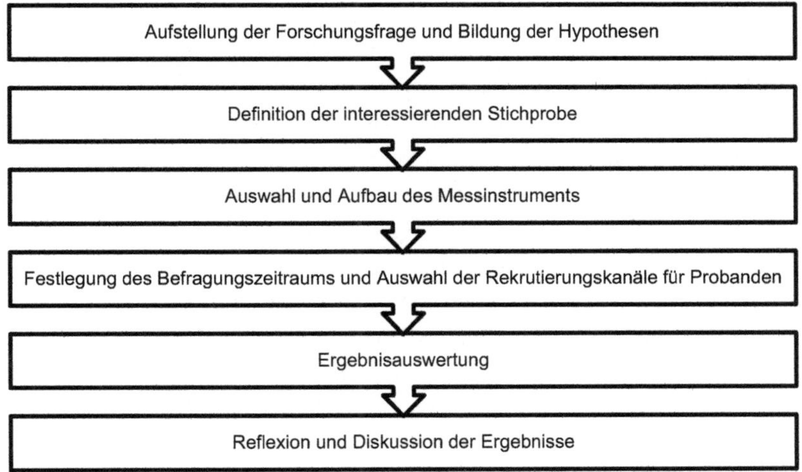

Abbildung 2 Übersicht methodisches Vorgehen
(Quelle: eigene Darstellung).

4 Ergebnisse

4.1 Überblick über die Daten

Für die Untersuchung konnten insgesamt 165 vollständige Datensätze erhoben werden. Die Fragen wurden dabei von 104 weiblichen und 60 männlichen Probanden beantwortet. Ein Proband gab an, dass er sich weder dem weiblichen noch dem männlichen Geschlecht zugehörig fühlt. 50.91% der Teilnehmer (n = 84) können der Altersgruppe 27 – 40 Jahre zugeordnet werden. In der Gruppe der 19 bis 26-Jährigen sind 26.06% der Probanden (n = 43). Zwischen 41 und 55 Jahren sind 27 (16.36%) Umfrageteilnehmer, zehn Probanden (6.06%) sind älter als 55 Jahre und lediglich ein Teilnehmer hat noch nicht die Volljährigkeit erreicht. Die drei Branchen mit den meisten Probanden sind folgende: Metall und Elektronik, Pharma und Gesundheit sowie Handel. Der erstgenannten Branche lassen sich 26 Probanden (15.76%), der zweiten 22 Probanden (13.33%) und dem Bereich Handel 20 Teilnehmer (12.12%) zuordnen. Etwa ein Drittel (n = 34) sind in einem Unternehmen mit 51 – 250 Mitarbeitern angestellt, 97 Teilnehmer (58.79%) arbeiten in einer Organisation mit mehr als 250 Arbeitnehmern. Bei ihrem aktuellen Arbeitgeber im ersten Beschäftigungsjahr befinden sich 26 Probanden (15.76%). Demgegenüber sind 23.64% der Umfrageteilnehmer (n = 39) bereits seit über zehn Jahren bei ihrem Arbeitgeber angestellt. Die meisten Probanden (n = 68) sind zwischen zwei und fünf Jahren in ihrer Organisation tätig. Etwa zwei Drittel (n = 111) gaben an, dass sie in einem unbefristeten Arbeitsverhältnis sind, 14 in einem befristeten. 30 Probanden (18.18%) haben die Position einer Führungskraft inne. Dabei handelt es sich um fünf Geschäftsführer und 25 leitende Angestellte.

Der Experimentalgruppe können 147 Probanden (89.09%) zugeordnet werden. Diese Gruppe setzt sich aus Probanden zusammen, die zum einen materielle als auch immaterielle Anreize (n = 133) beziehen und zum anderen nur immaterielle Anreize (n = 14) von ihrer Organisation erhalten. Diese Experimentalgruppe wurde gewählt, da eine Gruppe mit lediglich 14 Probanden zu klein und somit nicht statistisch geeignet wäre. 17.01% (n = 25) der Teilnehmer befinden sich bei ihrem aktuellen Arbeitgeber im ersten Beschäftigungsjahr, 42.86% (n = 63) sind im zweiten bis fünften Beschäftigungsjahr, 19.73% (n = 29) befinden sich im sechsten bis zehnten Beschäftigungsjahr und 21.11% (n = 31) sind bereits seit über zehn Jahren bei ihrem aktuellen Arbeitgeber angestellt. Die Probanden wünschen sich vor allem ein höheres aber auch leistungsbezogenes Gehalt, mehr Wertschätzung und

Anerkennung der geleisteten Arbeit durch den Vorgesetzten sowie flexiblere Arbeitszeiten und die Möglichkeit im Home-Office arbeiten zu können.

Der Kontrollgruppe können folglich 18 Probanden (10.91%) zugeordnet werden. Diese erhalten ausschließlich materielle Anreize von ihrem Arbeitgeber. Lediglich zwei Gruppenteilnehmer sind männlich (11.11%). Etwas weniger als die Hälfte (n = 8) ist seit mehr als zehn Jahren bei ihrem aktuellen Arbeitgeber angestellt und alle Probanden sind in einem Unternehmen mit mehr als 51 Mitarbeitern tätig. 13 Umfrageteilnehmer der Kontrollgruppe (72.22%) gaben an, dass sie vermögenswirksame Leistungen von ihrer Organisation erhalten. Drei Teilnehmer (16.67%) erhalten einen Zuschuss zur Kinderbetreuung oder das Unternehmen stellt einen Betriebskindergarten zur Verfügung. Ebenfalls 16.67% (n = 3) erhalten einen Akkord- oder Prämienlohn. Sonderzahlungen werden an acht Probanden (44.44%) ausgezahlt. Lediglich zwei Teilnehmer gaben an, dass sie von der Organisation ein hohes Gehalt bekommen und ein Proband wird am Erfolg des Unternehmens monetär beteiligt. Allerdings bekommt kein Kontrollgruppenteilnehmer Aktien oder einen Firmenwagen gestellt. Die Probanden wünschen sich von ihrem Arbeitgeber mehr Anerkennung der Leistung, Aufstiegschancen, Gesundheitsangebote, mehr Aufmerksamkeit für die Mitarbeiterbedürfnisse, flexible Arbeitszeiten sowie höheres Gehalt, Urlaubs- und Weihnachtsgeld und Prämienzahlungen für die Erreichung realistischer Ziele.

4.2 Deskriptive Statistik

Im Folgenden werden einige für die durchgeführte Untersuchung relevante Kenngrößen der deskriptiven Statistik vorgestellt. Hierfür wurden zunächst die deskriptiven Daten der abhängigen Variable (OC) für die gesamte Stichprobe ermittelt. Das OC wurde zudem in seine drei Kategorien unterteilt. Des Weiteren wurden die deskriptiven Daten der Dimension POS berechnet. Bevor die Mittelwerte gebildet werden konnten, wurden die negativen Items des COBB und des POS-s rekodiert. In Tabelle 1 erfolgt die Darstellung der deskriptiven Kennwerte der gesamten Stichprobe (N = 165).

Tabelle 1Deskriptive Statistik der gesamten Stichprobe (N = 165)

Variablen	Kennwerte				
	Min	Med	M	Max	SD
OC	1.21	3.14	3.06	5.00	0.79
AC	1.00	3.80	3.60	5.00	1.01
NC	1.00	2.40	2.62	5.00	1.00
KC	1.00	3.00	3.01	5.00	0.95
POS	1.00	3.25	3.28	5.00	1.01

Die Tabellen 2 und 3 zeigen jeweils die deskriptiven Daten der Experimentalgruppe (n = 147) und der Kontrollgruppe (n = 18). Aus diesen geht hervor, dass fast alle Mittelwerte der Experimentalgruppe größer sind als die Mittelwerte der Kontrollgruppe. Lediglich der Mittelwert des NCs der Experimentalgruppe ist niedriger als der Mittelwert des NCs der Kontrollgruppe (M = 2.62, M = 2.70). Zudem fällt auf, dass vier der fünf kleinsten Werte der Experimentalgruppe bei Min = 1.00 liegen. Im Gegensatz dazu sind alle maximalen Werte der Kontrollgruppe bei Max = 5.00. Die durchschnittliche wahrgenommene Unterstützung ist bei der Experimentalgruppe größer als bei der Kontrollgruppe (M = 3.33, M = 2.40). Jedoch ist der kleinste Wert der Experimentalgruppe niedriger als der kleinste Wert der Kontrollgruppe (Min = 1.00, Min = 1.13).

Tabelle 2 Deskriptive Statistik der Experimentalgruppe (n = 147)

Variablen	Kennwerte				
	Min	Med	M	Max	SD
OC	1.29	3.14	3.08	4.86	0.76
AC	1.00	3.80	3.60	5.00	1.01
NC	1.00	2.40	2.62	5.00	1.00
KC	1.00	3.00	3.01	5.00	0.95
POS	1.00	3.38	3.33	5.00	1.00

Tabelle 3 Deskriptive Statistik der Kontrollgruppe (n=18)

Variablen	Kennwerte				
	Min	Med	M	Max	SD
OC	1.13	2.93	2.86	5.00	1.01
AC	1.00	2.80	2.98	5.00	1.10
NC	1.20	2.50	2.70	5.00	1.09
KC	1.00	3.13	2.90	5.00	1.23
POS	1.13	2.19	2.40	5.00	0.86

Ergänzend dazu wird in den Tabellen 4 und 5 die deskriptiven Statistiken der weiblichen Probanden gegenübergestellt. Aus den Tabellen geht hervor, dass das durchschnittliche OC der Probandinnen mit sowohl materiellen als auch immateriellen Anreizen (M = 3.08) höher ist als das der Probandinnen mit ausschließlich materiellen Anreizen (M = 2.88). Lediglich das mittlere normative Commitment der Experimentalgruppe ist niedriger als das der Kontrollgruppe (M = 2.55, M =2.68). Dieses Bild konnte auch bezogen auf die gesamte Stichprobe beobachtet werden. Probandinnen mit sowohl materiellen als auch immateriellen Anreizen weisen ein durchschnittlich höheres POS auf (M = 3.28) als Probandinnen der Kontrollgruppe (M = 2.42). Die deskriptive Statistik für die männlichen Probanden der Experimentalgruppe, der Angestellten der Experimentalgruppe und der Angestellten der Kontrollgruppe finden sich in den Tabellen 12,13 und 14 im Anhang A2 der Arbeit.

Tabelle 4 Deskriptive Statistik weiblicher Probanden der Experimentalgruppe (n = 88)

	Kennwerte				
Variablen	Min	Med	M	Max	SD
OC	1.36	3.14	3.08	4.86	0.74
AC	1.20	3.80	3.59	5.00	0.99
NC	1.00	2.40	2.55	5.00	0.94
KC	1.00	3.13	3.12	5.00	0.91
POS	1.00	3.38	3.28	5.00	1.01

Tabelle 5 Deskriptive Statistik weiblicher Probanden der Kontrollgruppe (n = 16)

	Kennwerte				
Variablen	Min	Med	M	Max	SD
OC	1.21	2.93	2.88	5.00	0.96
AC	1.00	2.80	3.05	5.00	1.09
NC	1.20	2.50	2.68	5.00	1.09
KC	1.00	3.13	2.91	5.00	1.12
POS	1.13	2.25	2.42	5.00	0.91

4.3 Inferenzstatistische Auswertung

Die Testung der gerichteten Hypothese 1 erfolgte über den t-Test für unabhängige Stichproben. Dieser wurde angewendet, um die Unterschiede bezogen auf das OC zwischen der Experimentalgruppe mit materiellen und immateriellen Anreizen (M = 3.08, SD = 0.76) und der Kontrollgruppe mit ausschließlich materiellen Anreizen (M = 2.86, SD = 1.01) zu ermitteln. Zuvor wurde über den Levene-Test kontrolliert, ob die Varianzen der Gruppen gleich sind. Dieser ergab, dass Varianzgleichheit beziehungsweise Varianzhomogenität vorliegt (p = .122). Zudem wurde eine Normalverteilung beider Gruppen mit Hilfe des Shapiro-Wilk Test nachgewiesen (p = .658, p = .857). Der t-Test für unabhängige Stichproben ergab, dass es keinen statistisch signifikanten Unterschied (bei einem Signifikanzniveau von α = 5%) zwischen dem OC der Experimentalgruppe und der Kontrollgruppe gibt, t (163) = 1.14, p = .258.

Darauf aufbauend wurde untersucht, ob signifikante Unterschiede bezogen auf das AC zwischen der Experimentalgruppe mit materiellen und immateriellen Anreizen (M = 3.60, SD = 1.01) und der Kontrollgruppe mit ausschließlich materiellen Anreizen (M = 2.98, SD = 1.10) vorliegen. Gemäß dem Levene-Test kann von Homoskedasatizität ausgegangen werden (p = .760). Der durchgeführte Shapiro-Wilk Test ergab, dass eine Normalverteilung der Kontrollgruppe vorliegt (p = .953). Für die Experimentalgruppe hingegen ist der Shapiro-Wilk Test signifikant geworden (p < .001). Demnach liegt keine Normalverteilung vor. Da allerdings eine Stichprobengröße von N > 30 gegeben ist, darf eine normalverteilte Stichprobenverteilung angenommen werden, da das statistische Verfahren somit robust gegenüber Verletzungen ist (Bortz & Schuster, 2010). Der t-Test ergab, dass es einen signifikanten Unterschied (bei einem Signifikanzniveau von α = 5%) zwischen dem AC der Experimentalgruppe und der Kontrollgruppe gibt, wobei das AC der Experimentalgruppe durchschnittlich 0.62 Punkte höher ist (95% - CI[0.12,1.12]), t(163) = 2.44, p = .016, d = .61. Gemäß Cohen (1988) entspricht dies einer mittleren Effektgröße.

Für die Untersuchungen der Hypothese 2, 3 und 4 wurde jeweils eine Regressionsanalyse durchgeführt. Hierbei wurde untersucht, ob die Anzahl der sozialen (H2), der haptischen (H3) oder der arbeitsbezogenen (H4) Anreize einen Einfluss auf das OC hat beziehungsweise ob bei zunehmender Anreizzahl der jeweiligen Anreizform das OC steigt. Vor der Testung der H2 wurden zunächst die Residuen auf Normalverteilung geprüft. Die Nullhypothese des Shapiro-Wilk Test kann nicht abgelehnt werden. Demnach kann davon ausgegangen werden, dass eine Normalverteilung der Residuen vorliegt (p = .623). Die F-Statistik der Regressionsanalyse ergab, dass das Modell keine signifikante Erklärungsgüte hat, F(1,145) = 2.08, p = .151. Demnach hat die steigende Anzahl der sozialen Anreize keinen signifikanten Einfluss auf das OC. Anschließend wurde eine Poweranalyse durchgeführt, um die statistische Power des Modells zu berechnen. Bei einem zuvor in der Regressionsanalyse berechneten Determinationskoeffzienten R2 von .014, einer Stichprobengröße von 147 und einem Signifikanzniveau von α = 5%, ergab sich eine statistische

Power von 1-β = .303. Demnach beträgt die Wahrscheinlichkeit einen Fehler 2. Art zu begehen 69.69%.

Analog wurden für die Testung der H3 die Residuen auf Normalverteilung geprüft. Gemäß dem Shapiro-Wilk Test kann diese angenommen werden (p > .699). Die F-Statistik der Regressionsanalyse ergab, dass das Modell ebenfalls wie das vorherige Modell keine signifikante Erklärungsgüte hat, F(1,145) = .07, p = .787. Demnach hat die steigende Anzahl der haptischen Anreize keinen signifikanten Einfluss auf das OC. Die durchgeführte Poweranalyse ergab, dass die statistische Power 1-β = .058 entspricht, bei einem zuvor berechneten Determinationskoeffzienten R2 < .001, einer Stichprobengröße von 147 und einem Signifikanzniveau von α = 5%. Folglich beträgt die Wahrscheinlichkeit einen Fehler 2. Art zu begehen 94.16%.

Für die Testung der H4 wurde zunächst, wie bereits bei den Untersuchungen der beiden vorherigen Hypothesen, der Shapiro-Wilk Test berechnet. Die Normalverteilung der Residuen kann gemäß diesem nicht abgelehnt werden (p = .855). Die F-Statistik der durchgeführten linearen Regression ergab, dass das Modell eine signifikante Erklärungsgüte hat, F(1,145) = 10.03, p = .002. Folglich nimmt das OC signifikant bei steigender Anzahl von arbeitsbezogenen Anreizen zu. Der Steigungsparameter entspricht 0.17.

Des Weiteren wurden jeweils die Korrelationen zwischen den jeweiligen Anreizarten und dem OC berechnet. Die Ergebnisse der Testungen sind in den Tabellen 6,7,8 und 9 gegenübergestellt.

Tabelle 6 Korrelation immaterielle Anreize und OC

			OC	Immaterielle Anreize
OC	r_s		1	.224
	p-Value		147	.006
	N			147
Immateri-elle Anreize	r_s		.224	1
	p-Value		.006	147
	N		147	

Wie aus Tabelle 6 hervor geht, liegt ein signifikanter Zusammenhang zwischen der Anzahl an immateriellen Anreizen und dem OC der Mitarbeiter vor (p = .006). Der Korrelationswert der beiden Variablen beträgt rs = .224. Dies entspricht einem schwach positiven Zusammenhang.

Tabelle 7 Korrelation soziale Anreize und OC

		OC	Soziale Anreize
OC	r_s	1	.083
	p-Value	147	.317
	N		147
Soziale An-reize	r_s	.083	1
	p-Value	.317	147
	N	147	

Tabelle 7 zeigt die Korrelation zwischen den sozialen Anreizen und dem OC. Der Korrelationswert von Spearmans Rho beträgt .083. Es liegt kein signifikanter Zusammenhang vor, p = .317.

Tabelle 8 Korrelation haptische Anreize und OC

		OC	Haptische Anreize
OC	r_s	1	-.063
	p-Value	147	.445
	N		147
Haptische Anreize	r_s	-.063	1
	p-Value	.445	147
	N	147	

Analog dazu illustriert Tabelle 8 die Korrelation zwischen haptischen Anreizen und der abhängigen Variable OC. Die beiden Variablen korrelieren negativ miteinander rs = -.063. Gemäß dem p-Value von .445 liegt kein signifikanter Zusammenhang zwischen haptischen Anreizen und dem OC vor.

Tabelle 9 Korrelation arbeitsbezogene Anreize und OC

		OC	Arbeitsbezogene An-reize
OC	r_s	1	.259
	p-Value	147	.002
	N		147
Arbeitsbe-zogene An-reize	r_s	.259	1
	p-Value	.002	147
	N	147	

In Tabelle 9 wird ersichtlich, dass arbeitsbezogene Anreize und OC schwach positiv miteinander korrelieren rs = .259. Zudem beträgt p = .002. Demnach liegt ein signifikanter Zusammenhang zwischen der unabhängigen Variable arbeitsbezogene Anreize und der abhängigen Variable OC vor.

Im Anschluss daran wurde untersucht, ob die Anzahl der immateriellen Anreize das OC der Probanden vorhersagt und ob der direkte Pfad durch POS mediiert wird. Hierfür wurde eine Mediationsanalyse durchgeführt. Im ersten Schritt wurde zunächst geprüft, ob die unabhängige Variable POS und die unabhängige Variable Anzahl der immateriellen Anreize jeweils einen Effekt auf die abhängige Variable OC haben. Für diesen Zweck wurden Regressionsanalysen durchgeführt. Die Ergebnisse werden in Tabelle 10 berichtet.

Tabelle 10 Ergebnisse der Regressionsanalyse

	Kennwerte	
Prädikatoren	**β**	**p-Value**
OC ~ Anzahl immaterielle Anreize	0.08	.018
OC ~ POS	0.32	<.001

Wie aus Tabelle 10 hervorgeht, liegt ein Zusammenhang zwischen OC und der Anzahl der immateriellen Anreize und OC und POS vor. Deshalb wird die Mediationsanalyse durchgeführt. Dabei konnte, wie zuvor in der Regressionsanalyse, ein statistisch signifikanter totaler Effekt von der Anzahl der immateriellen Anreize auf das OC der Probanden festgestellt werden, $\beta = 0.08$, $p = .018$. Nachdem die Mediatorvariable POS mit in das Modell aufgenommen wurde konnte festgestellt werden, dass die Anzahl der immateriellen Reize POS erhöht, $\beta = 0.16$, $p < .001$, und POS wiederum einen positiven Zusammenhang mit OC aufweist, $\beta = 0.30$, $p < .001$. Die Bootstrap-Analyse mit $m = 5000$ Ziehungen ergab einen signifikanten indirekten Effekt, $\beta = 0.05$, $p < .001$, da das Konfidenzintervall nicht die Null enthält, 95%-KI[0.02, 0.08]. Demnach ist der direkte Effekt nicht signifikant ($\beta = 0.03$, $p < .330$). Es konnte folglich festgestellt werden, dass das Verhältnis zwischen der Anzahl von immateriellen Anreizen und OC vollständig von POS mediiert wird. Abbildung 3 visualisiert diese Ergebnisse anschaulich.

Mediation

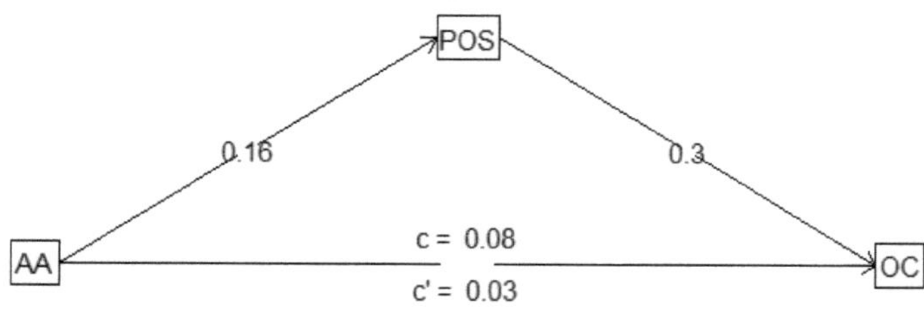

Abbildung 3 Mediationsmodell: immaterielle Anreize, POS und OC
(Quelle: eigene Darstellung).
(Unabhängige Variable Anzahl immaterielle Anreize (AA), Mediatorvariable POS
und abhängige Variable OC).

Für die Untersuchung der Hypothese 5 wurde ein t-Test für unabhängige Stichproben berechnet. Dieser wurde eingesetzt, um die Unterschiede bezogen auf das OC zwischen den weiblichen Probanden der Experimentalgruppe mit sowohl immateriellen und materiellen Anreizen (M = 3.08, SD = .074) und den weiblichen Probanden der Kontrollgruppe mit lediglich materiellen Anreizen (M = 2.88, SD = 0.96) zu berechnen. Die Nullhypothese des zuvor berechneten Levene-Tests kann nicht abgelehnt werden (p = .256). Folglich kann von Varianzgleichheit ausgegangen werden. Des Weiteren wurden beide Gruppen auf Normalverteilung geprüft. Diese liegt gemäß der durchgeführten Shapiro-Wilk Tests für die weiblichen Probanden der Experimentalgruppe (p = .476) und der Kontrollgruppe vor (p = .932). Laut dem t-Test gibt es keinen signifikanten Unterschied (p = .162) zwischen dem OC der weiblichen Probanden der Experimentalgruppe mit beiden Anreizarten und den weiblichen Probanden der Kontrollgruppe mit ausschließlich materiellen Anreizen.

Des Weiteren wurde getestet, ob zwischen dem AC der weiblichen Probanden der Experimentalgruppe (M = 3.59, SD = 0.99) und dem AC der weiblichen Probanden der Kontrollgruppe (M = 3.05, SD = 1.09) ein signifikanter Unterschied vorliegt. Laut dem Levene-Test kann von Varianzgleichheit ausgegangen werden (p = .789). Bei beiden Gruppen kann in etwa von Normalverteilung ausgegangen werden, wobei der Shapiro-Wilk Test für die Kontrollgruppe nicht signifikant geworden ist (p = .873) und die Experimentalgruppe mehr als 30 Probanden umfasst (p < .001). Gemäß dem t-Test gibt es einen signifikanten Unterschied zwischen dem AC der weiblichen Probanden der Experimentalgruppe und den weiblichen Probanden der Kontrollgruppe, wobei das AC der weiblichen Probanden der Experimentalgruppe durchschnittlich 0.54 Punkte höher ist (95%-CI[0.09, 1.08]), t(102) = 1.98, p =.025, d = 0.54.

Für die Untersuchung der Hypothese 6 wurde ebenfalls ein t-Test für unabhängige Stichproben verwendet. Somit wurde ermittelt, ob die Unterschiede bezogen auf das OC zwischen den Angestellten der Experimentalgruppe (M = 3.01, SD = 0.76) und den Angestellten der Kontrollgruppe (M = 2.79, SD = 1.05) statistisch signifikant sind. Gemäß dem durchgeführten Levene-Test kann Homoskedastizität nicht abgelehnt werden (p = .075). Zudem kann gemäß der optischen Darstellung anhand eines Histogramms und durch die durchgeführten Shapiro-Wilk Tests von einer Normalverteilung der Experimentalgruppe und der Kontrollgruppe ausgegangen werden (p = .615, p = .875). Da sich außerdem in beiden Gruppen keine Ausreißer befinden, konnte der t-Test durchgeführt werden. Dieser ergab, dass es keinen statistisch signifikanten Unterschied zwischen den Angestellten der Experimentalgruppe und den Angestellten der Kontrollgruppe bezogen auf das OC gibt, t(133) = 1.05, p = .295.

Ebenfalls wurde anhand eines t-Tests untersucht, ob die Unterschiede bezogen auf das AC zwischen den Angestellten der Experimentalgruppe (M = 3.53, SD = 1.04) und den Angestellten mit ausschließlich materiellen Anreizen (M = 2.89, SD = 1.13) statistisch signifikant sind. Die Voraussetzungen für den t-Test sind erfüllt, da die Gruppen keine Ausreißer enthalten, gemäß dem Levene-Test Varianzgleichheit nicht abgelehnt werden kann (p = .905) und bei beiden Gruppen in etwa eine Normalverteilung vorliegt. Die Ergebnisse des durchgeführten t-Tests weisen einen statistisch signifikanten Unterschied zwischen den beiden Gruppen nach, wobei das AC der Angestellten der Experimentalgruppe durchschnittlich um 0.64 Punkte höher ist als das der Angestellten der Kontrollgruppe, (95%-CI[0.09, 1.19]), t(133) = 2.30, p =.023, d = 0.61.

Anschließend wurde untersucht, ob das Alter der Experimentalgruppe einen Effekt auf das OC hat. Dies erfolgte über eine einfaktorielle ANOVA. Hierfür wurden zunächst Gruppen der unabhängigen Variable „Alter" festgelegt. Probanden der Altersgruppe 0-18 und 19-26 gehören der Generation Z an (n = 40, M = 2.91), Probanden der Altersgruppe 27-40 gehören zur Generation Y (n = 77, M = 3.06), Mitarbeiter der Altersgruppe 41-55 zur Generation X (n = 23, M = 3.26) und Probanden mit einem Alter von über 55 Jahren lassen sich der Babyboomer Generation (n = 7, M = 3.57) zuordnen. Es gibt einen Ausreißer, wobei es sich hierbei um einen echten Ausreißer handelt und dieser aus diesem Grund nicht aus der Stichprobe eliminiert wurde. Die Überprüfung auf Varianzhomogenität erfolgte über den Levene-Test, welcher ergab, dass von Varianzgleichheit ausgegangen werden kann (p = .279). Basierend auf den Ergebnissen der ANOVA, gibt es keinen signifikanten Unterschied der mittleren Werte des OCs der Gruppen in Abhängigkeit vom Alter der Probanden, F(3, 142) = 2.10, p < .102. Da das Ergebnis nicht statistisch signifikant geworden ist, konnte auf einen post-hoc Test verzichtet werden. Damit dennoch ein visueller Eindruck über die Beschaffenheit der Daten möglich ist, veranschaulicht Abbildung 4 die Daten als Boxplot.

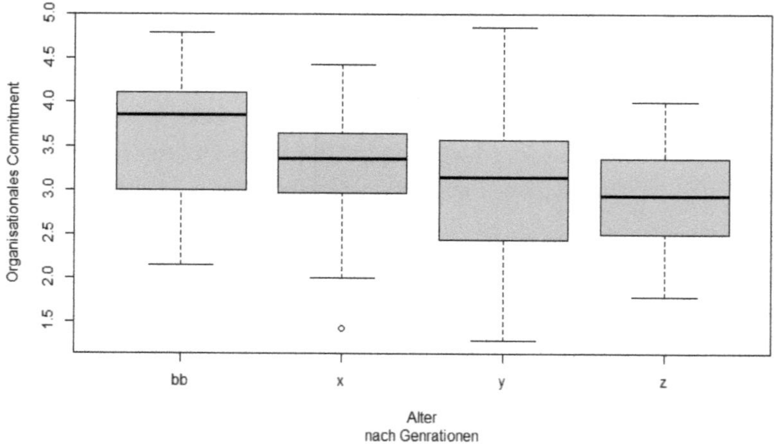

Abbildung 4 Boxplot OC nach Generationen
(Quelle: eigene Darstellung).
(bb = Generation Babyboomer, x = Generation X, y = Generation Y, z = Generation Z).

5 Diskussion

5.1 Detaillierte Auswertung der Ergebnisse

Im Folgenden werden die zuvor dargestellten Ergebnisse detaillierter ausgewertet beziehungsweise beschrieben. Des Weiteren werden die sechs aufgestellten Hypothesen beantwortet und die aufgestellte Forschungsfrage aufgegriffen.

Bei Betrachtung der Tabellen 2 und 3 wird ersichtlich, dass die Probanden der Experimentalgruppe ein durchschnittlich höheres OC (M = 3.08, M = 2.86), ein durchschnittlich höheres AC (M = 3.60, M = 2.98), ein durchschnittlich höheres KC (M = 3.01, M = 2.90) und ein durchschnittlich höheres POS (M = 3.33, M = 2.40) aufweisen als die Kontrollgruppe. Im Gegensatz dazu ist das NC der Experimentalgruppe niedriger als das der Kontrollgruppe (M = 2.62, M = 2.70). Fast alle Standardabweichungen der Experimentalgruppe sind kleiner als die der Kontrollgruppe, demnach weisen die Variablen eine geringere Streuung auf. Lediglich bei POS ist die Streuung der Experimentalgruppe größer. Für die Prüfung der gerichteten Hypothese 1 wurde zudem ein t-Test herangezogen. Aus diesem ist erkennbar, dass es keinen statistisch signifikanten Unterschied (p = .258) zwischen den beiden Gruppen bezogen auf das OC gibt. Somit hat das Angebot von sowohl materiellen als auch immateriellen Anreizen keinen signifikanten positiven Einfluss auf das OC und Hypothese 1 muss abgelehnt werden.

Da das AC wie in Unterabschnitt 2.2.1 die emotionale Bindung zum Unternehmen beschreibt, und Mitarbeiter mit einem hohen AC den Wunsch verspüren, im Unternehmen zu bleiben, wurde zudem geprüft, ob das Angebot von immateriellen Anreizen einen positiven Einfluss auf das AC hat. Dies erfolgte ebenfalls über einen t-Test für unabhängige Stichproben. Dieser ergab, dass es einen statistisch signifikanten Unterschied zwischen dem durchschnittlichen AC der Experimentalgruppe und der Kontrollgruppe gibt (p = .016). Demnach hat das Angebot von immateriellen Anreizen einen signifikant positiven Einfluss auf das AC.

Für die Berechnungen zur Beantwortung der zweiten, dritten und vierten Hypothese wurde jeweils eine einfache lineare Regressionsanalyse durchgeführt. Durch diese wurde untersucht, ob bei zunehmenden sozialen (H2), haptischen (H3) oder arbeitsbezogenen (H4) Anreizen das OC der Probanden signifikant steigt. Sowohl für die H2 als auch für die H3 ist das Ergebnis nicht signifikant (p = .151, p = .787). Folglich müssen Hypothese 2 und Hypothese 3 abgelehnt werden, da für die Anzahl der sozialen und der haptischen Anreize kein statistisch signifikanter Einfluss auf das OC der Probanden nachgewiesen werden konnte. Die Poweranalyse für Hypothese 2 ergab, dass die Wahrscheinlichkeit einen Fehler 2. Art zu begehen bei 69.69% liegt. Demnach würde die Regressionsanalyse in 70% der Fälle keine Signifikanz anzeigen, obwohl die Ergebnisse eigentlich signifikant sind. Die Poweranalyse für Hypothese 3 ergab, dass die Wahrscheinlichkeit einen Fehler 2. Art zu begehen bei 94.16% liegt. Analog zur Hypothese 2 würde in 94% der Fälle keine Signifikanz angezeigt werden, obwohl die Ergebnisse eigentlich signifikant sind.

Im Gegensatz dazu weist die Regressionsanalyse für die Prüfung der Hypothese 4 eine signifikante Erklärungsgüte auf, $F(1,145) = 10.03$, $p = .002$. Demnach kann H4 angenommen werden. Das OC nimmt signifikant bei steigender Anzahl von arbeitsbezogenen Anreizen um 0.17 Punkte zu. Für einen besseren Vergleich mit den Ergebnissen vorheriger Studien wurden zudem die Korrelationswerte zwischen den jeweiligen Anreizarten und dem OC berechnet. Diese bestätigten die Ergebnisse der Regressionsanalysen. Zusätzlich wurde berechnet, ob allgemein zwischen der Anzahl an immateriellen Anreizen und dem OC ein Zusammenhang besteht. Gemäß dem Korrelationswert $r_s = .224$ liegt ein signifikanter und schwach positiver Zusammenhang vor ($p = .006$). Die Einordnung der Ergebnisse in die Literatur erfolgt im folgenden Abschnitt 5.2.

Anschließend wurde untersucht, ob der bereits nachgewiesene Zusammenhang zwischen der Anzahl der immateriellen Anreize und dem OC durch POS mediiert wird. Dies erfolgte über eine Mediationsanalyse. Es konnte nachgewiesen werden, dass das Verhältnis zwischen der Anzahl der immateriellen Anreize und dem OC vollständig von POS mediiert wird, da der direkte Effekt der Anzahl der immateriellen Anreize auf das OC nicht signifikant ist ($p < .330$).

Bei der Betrachtung der Tabellen 4 und 5 wird deutlich, dass das durchschnittliche OC der weiblichen Probanden der Experimentalgruppe höher ist als das der weiblichen Probanden der Kontrollgruppe ($M = 3.08$, $M = 2.88$). Des Weiteren ist das durchschnittliche AC der weiblichen Probanden der Experimentalgruppe höher als das der Probandinnen der Kontrollgruppe ($M = 3.59$, $M = 3.05$). Um nachzuweisen, dass die Unterschiede zwischen den Gruppen bezogen auf das OC statistisch signifikant sind (Hypothese 5), wurde ein t-Test für unabhängige Stichproben berechnet. Gemäß diesem liegt kein statistisch signifikanter Unterschied vor ($p = .323$) und Hypothese 5 muss somit abgelehnt werden. Analog zur Hypothese 1 wurde anschließend untersucht, ob ein signifikanter Unterschied bezogen auf das AC zwischen der weiblichen Experimentalgruppe und der weiblichen Kontrollgruppe vorliegt. Es wurde demnach untersucht, ob das Angebot von immateriellen Anreizen einen positiven Einfluss auf das AC der Probandinnen hat. Hier ergab der gerichtete t-Test für unabhängige Stichproben, dass ein mittlerer und statistisch signifikanter Unterschied (p =.025, d = .54) vorliegt. Demnach haben immaterielle Anreize zwar keinen signifikanten Einfluss auf das OC von Frauen, allerdings haben sie einen signifikant positiven Einfluss auf deren AC.

Um zu ermitteln, ob immaterielle Anreize einen positiven Effekt auf das OC bei Angestellten haben (Hypothese 6), wurde ebenfalls ein t-Test für unabhängige Stichproben durchgeführt. Hierbei wurde das durchschnittliche OC der Angestellten der Experimentalgruppe (M = 3.01) und der Kontrollgruppe (M = 2.79) untersucht. Basierend auf den Ergebnissen des t-Tests, muss Hypothese 6 abgelehnt werden, da kein statistisch signifikanter Unterschied zwischen dem OC der Angestellten mit immateriellen Anreizen und den Angestellten ohne immaterielle Anreize nachgewiesen werden konnte (p = .295). Die Untersuchung erfolgte anschließend analog zu den Hypothesen 1 und 5 ebenfalls bezogen auf das AC. Die Ergebnisse des durchgeführten t-Test weisen einen statistisch signifikanten Unterschied zwischen den beiden Gruppen, bezogen auf das AC auf (p = .023). Folglich kann festgehalten werden, dass das Angebot von immateriellen Anreizen, wie bereits in den vorherigen Untersuchungen, keinen signifikanten Einfluss auf das OC der Angestellten hat. Die weiteren Untersuchungen konnten jedoch zeigen, dass immaterielle Anreize einen signifikanten positiven Einfluss auf das AC und somit auf die emotionale Bindung der Angestellten haben.

Anschließend wurde anhand einer einfaktoriellen ANOVA überprüft, ob das Alter der Experimentalgruppe einen signifikanten Effekt auf das OC hat. Nachdem die Altersgruppen den jeweiligen Generationen zugeordnet wurden, konnte ermittelt werden, dass sich die mittleren Werte des OCs nicht statistisch signifikant in Abhängigkeit vom Alter der Probanden unterscheiden (p =.102). Bei genauerer Betrachtung von Abbildung 4 ist allerdings zu erkennen, dass die Probanden der Babyboomer Generation ein tendenziell höheres OC haben als die restlichen Generationen. Zudem nimmt das OC ab, je jünger die Genrationen beziehungsweise die Probanden werden.

Abschließend kann anhand der Ergebnisse die Forschungsfrage „Welchen Einfluss haben immaterielle Anreizsysteme auf das OC?" beantwortet werden. Da keine signifikanten Unterschiede zwischen der Experimentalgruppe und der Kontrollgruppe bezogen auf das OC festgestellt werden konnten, kann kein Einfluss von immateriellen Anreizen auf das OC nachgewiesen werden. Dennoch zeigte sich, dass immaterielle Anreize einen positiven Einfluss auf das AC haben. Demnach kann durch diese Form der Anreize die emotionale Bindung der Organisationsmitglieder beeinflusst und im besten Fall erhöht werden.

5.2 Einordnung der Ergebnisse in die Literatur

In der vorliegenden Untersuchung wurde konsistent zu den Studienergebnissen von Luthan et al. (2006), Kavuludi et al. (2016) sowie von Khan et al. (2016) davon ausgegangen, dass nicht-monetäre beziehungsweise immaterielle Anreize einen positiven Einfluss auf das OC haben und demnach das Angebot dieser Anreize zu einem Anstieg des Commitments führt. Allerdings konnten die Ergebnisse aus vorherigen Studien in dieser Arbeit nicht bestätigt werden, da sich keine signifikanten Unterschiede für das OC der beiden Probandengruppen nachweisen ließen. Folglich wäre Hypothese 1 nur dann bestätigt worden, wenn sich das OC der Experimentalgruppe mit sowohl immateriellen als auch materiellen Anreizen signifikant zum OC der Kontrollgruppe mit lediglich materiellen Anreizen unterschieden hätte.

Obwohl das Ergebnis des t-Tests nicht signifikant ist, ist das durchschnittliche OC der Experimentalgruppe, wie aus Tabelle 2 und 3 zu entnehmen ist, höher als das der Kontrollgruppe. Demnach könnten die immateriellen Anreize tendenziell dazu beitragen, dass die Mitarbeiterbindung erhöht wird.

Im Gegensatz dazu konnten die Ergebnisse aus der Studie von Malhotra et al. (2007) auch in dieser Untersuchung belegt werden. Die Autoren konnten zeigen, dass nicht-monetäre Anreize ein stärkerer Prädikator für AC sind als monetäre Anreize. In der vorliegenden Arbeit konnte ebenfalls ein signifikant positiver Unterschied bezogen auf das AC zwischen der Experimentalgruppe und der Kontrollgruppe nachgewiesen werden. Folglich haben immaterielle Anreize einen positiven Einfluss auf die emotionale Bindung der Mitarbeiter und erhöhen somit den Wunsch dieser, im Unternehmen zu bleiben, da sie bleiben wollen und sich nicht aus normativen oder kalkulatorischen Absichten dazu verpflichtet fühlen. Laut Meyer und Allen (1997) sind emotional gebundene Organisationsmitglieder dem Unternehmen gegenüber loyaler, leistungsfähiger und stressresistenter.

Des Weiteren wurden die Ergebnisse der empirischen Untersuchung von Khan et al. (2016) bezogen auf die unterschiedlichen immateriellen Anreizarten aufgegriffen und in der vorliegenden Studie untersucht. Die Wissenschaftler erforschten in ihrer Studie, ob die Anzahl der sozialen, haptischen oder arbeitsbezogenen Anreize einen Einfluss auf das OC hat. Die Autoren konnten nachweisen, dass die Anzahl der immateriellen Anreize allgemein einen signifikant positiven Einfluss auf das OC hat (rs = .510, p < .001). Diese Ergebnisse konnten in der vorliegenden Arbeit bestätigt werden (rs = .224, p = .006), wobei die Höhe der Korrelationswerte variiert. Zudem konnten die Ergebnisse bezogen auf den Einfluss der Anzahl der sozialen Anreize auf das OC bestätigt werden. Sowohl in der Studie von 2016 als auch in der vorliegenden Untersuchung hat die Anzahl dieser keinen signifikanten Einfluss auf das OC der Mitarbeiter. Demnach steigt die Mitarbeiterbindung nicht durch die in der Umfrage aufgeführten immateriellen sozialen Anreize wie zum Beispiel Dankesbriefe für gute Arbeit, Auszeichnungen oder Freizeitaktivitäten außerhalb der Arbeit. Khan et al. (2016) zeigten in ihrer Untersuchung, dass haptische Anreize einen signifikanten, wenn auch schwach, positiven Einfluss auf das OC haben (rs = .192, p = .008). Diese Ergebnisse konnten in der vorliegenden Arbeit nicht bestätigt werden. Folglich korrelieren in der Untersuchung dieser Arbeit immaterielle haptische nicht-monetäre Anreize wie zum Beispiel Gutscheine, Geschenke, Freikarten oder Reisen als Belohnung für gute Arbeit negativ mit dem OC der Probanden, wobei die Ergebnisse keine Signifikanz aufweisen (rs =-.063, p = .445). Die Autoren zeigten in ihrer Studie zudem, dass die arbeitsbezogenen Anreize den stärksten Einfluss auf das OC haben (rs = .637, p < .001). Hier decken sich die Ergebnisse der pakistanischen Studie und der vorliegenden Untersuchung teilweise. Gemäß der Untersuchung dieser Arbeit haben arbeitsbezogene Einflüsse wie zum Beispiel die Möglichkeit von Job-rotation oder Job-enrichment, Arbeitssicherheit und flexible Arbeitszeiten zwar einen signifikanten und somit auch den stärksten Einfluss auf die Mitarbeiterbindung der Probanden (rs = .259, p = .002), allerdings kann laut Cohen (1988) nur von einem schwachen Effekt gesprochen werden und nicht von einem, wie in der Studie von Khan et al. (2016) aufgezeigten, starken Effekt.

Ferner wurde das Resultat der Studie von Aven et al. (1993) aufgegriffen und untersucht, ob das OC der weiblichen Probanden niedriger ist, als das von Männern. Konträr dazu wurden auch die Ergebnisse von Mathieu und Zajac (1990) aufgegriffen, die in ihrer Untersuchung aufzeigten, dass Frauen ein höheres OC aufweisen als Männer. Da das durchschnittliche OC der gesamten Probandinnen einen Wert von 3.05 erreicht und das der männlichen Probanden einen Wert von 3.07, können an dieser Stelle weder die Ergebnisse von Aven et al. (1993) noch von Mathieu und Zajac (1990) bestätigt werden. Ferner konnten bei der Betrachtung der Tabellen 4 und 12 keine Unterschiede zwischen dem OC der weiblichen und der männlichen Probanden der Experimentalgruppe festgestellt werden. Im Gegensatz dazu konnte das Ergebnis von Suliman und Iles (2000) in der vorliegenden Arbeit bestätigt werden. Die Autoren kamen zu dem Ergebnis, dass es keinen Unterschied zwischen den Geschlechtern bezogen auf das AC gibt. Dies konnte in der vorliegenden Arbeit sowohl für die gesamte Stichprobe (Mweiblich = 3.51, Mmännlich = 3.58) sowie, wie aus den Tabellen 4 und 12 zu entnehmen ist, für die Experimentalgruppe nachgewiesen werden.

Ergänzend wurde zudem untersucht, ob immaterielle Anreize einen Einfluss auf das OC und das AC von Frauen haben. Gemäß der vorliegenden Untersuchung haben immaterielle Anreize keinen signifikanten Einfluss auf das OC von Frauen. Jedoch liegt ein signifikanter Unterschied zwischen den weiblichen Probanden der Experimentalgruppe und der Kontrollgruppe bezogen auf das AC vor. Demnach haben immaterielle Anreize einen positiven Effekt auf das AC von Frauen.

Gemäß den Untersuchungen von March und Simon (1958), Mathieu und Zajac (1990) sowie von Meyer und Allen (1984) steigt das OC mit dem Alter. Auch diese Annahme wurde in der vorliegenden Arbeit aufgegriffen. Es wurde untersucht, ob das Alter der Experimentalgruppe einen Einfluss auf das OC hat. Allerdings konnten keine signifikanten Unterschiede nachgewiesen werden. Durch die visuelle Darstellung des OCs der jeweiligen Generation in Abbildung 4 ist allerdings zu erkennen, dass das OC der Probanden tendenziell mit dem Alter steigt.

5.3 Kritische Würdigung

Da der Kontrollgruppe lediglich 18 Probanden (10.91%) zugeordnet werden konnten, war es größtenteils nicht möglich einen sinnvollen Vergleich zwischen den Teilgruppen der Experimentalgruppe und der Kontrollgruppe durchzuführen. Aus diesem Grund konnte beispielsweise keine zweifaktorielle ANOVA durchgeführt werden, um zu ermitteln, ob immaterielle Anreize einen höheren Einfluss auf das OC von Frauen haben als auf das von Männern. Der Kontrollgruppe gehörten lediglich zwei männliche Probanden an. Für weitere Studien wäre es folglich zielführend, eine größere Kontrollgruppe mit mehr Probanden zu erheben, um so weitere statistische Analysen durchführen zu können.

Des Weiteren wurden der Experimentalgruppe Probanden mit ausschließlich immateriellen Anreizen und Probanden mit sowohl immateriellen als auch materiellen Anreizen zugeordnet. Wären die Probanden mit beiden Anreizarten hingegen nicht der Experimentalgruppe hinzugefügt worden, hätte diese eine Größe von nur 14 Probanden mit immateriellen Anreizen aufgewiesen. Allerdings kann das Zusammenspiel von immateriellen und materiellen Anreizen zu Verzerrungen der

Ergebnisse führen. Für weitere Forschungen sollte dieser Aspekt berücksichtigt werden und die Experimentalgruppe aus Probanden mit ausschließlich immateriellen Anreizen bestehen.

Die Verwendung des validierten Fragebogens Commitment Organisation, Beruf und Beschäftigungsform (COBB) nach Felfe et al. (2014) als Erhebungsinstrument für das OC war sinnvoll gewählt, da dieser sowohl das OC als Ganzes misst und zudem die drei Kategorien AC, NC und KC einzeln erfasst. Da ausschließlich die Identifikation und Verbundenheit mit der Organisation ermittelt werden sollte, wurden lediglich die ersten 14 Items des Fragebogens für diese Arbeit verwendet, welche für die Probanden inhaltlich nachvollziehbar waren.

Die wahrgenommene organisationale Unterstützung wurde über den ebenfalls validierten Fragebogen Perceived Organizational Support (POS-s) nach Siebenaler und Fischer (2020) erhoben. Auch dieses Ergebungsinstrument war sinnvoll gewählt, da es eine sehr gute Reliabilität aufweist, eine kurze Bearbeitungszeit hat und eine als hoch bezeichnete Augenscheinvalidität aufweist. Für eine einfachere Handhabung des gesamten in der Arbeit verwendeten Fragebogens wurden die Anweisungen und die fünfstufige Likert-Skala aus dem Fragebogen Commitment Organisation, Beruf und Beschäftigungsform übernommen, obwohl die Autoren Siebenaler und Fischer (2020) eine siebenstufige Skala verwenden. Um einen Priming-Effekt zu vermeiden, wurden die Fragen zu den Anreizen am Ende des Fragebogens gestellt.

Ergänzend ist kritisch zu erwähnen, dass der in dieser Arbeit verwendete Fragebogen nicht alle möglichen materiellen und immateriellen Anreize abfragt. So kann es zum Beispiel sein, dass ein Proband keinen der im Fragebogen aufgeführten materiellen oder immateriellen Anreize durch seinen Arbeitgeber bezieht, sein OC jedoch durch weitere nicht genannte Anreize beeinflusst wird. Aus diesem Grund sollte in weiteren Studien die Anzahl an auszuwählenden Anreizen erhöht werden.

Wie bereits in Unterabschnitt 2.2.4 beschrieben, sind das OC und seine drei Kategorien von diversen weiteren Einflussfaktoren abhängig. Dazu zählen unter anderem der Gruppenzusammenhalt, Selbstbewusstsein auf Basis der Organisationszugehörigkeit (Westphal & Gmür, 2009), Führungsstil, Bildung und Familienstand (Mathieu & Zajac, 1990). Folglich lässt sich nicht sagen, dass alleine das Angebot von immateriellen Anreizen für eine Erhöhung der Mitarbeiterbindung verantwortlich ist. Es ist vielmehr ein Zusammenspiel diverser Einflussfaktoren, wobei die immateriellen Anreize einen Beitrag zur Erhöhung der emotionalen Bindung leisten.

Gutknecht (2007) weist zudem darauf hin, dass eine Messung des Commitments anhand einer Längsschnittstudie zu einer stabileren Aussage führt. Demnach sollten für weitere empirische Untersuchungen mehrere Messungen zu unterschiedlichen Messzeitpunkten durchgeführt werden.

Ein weiterer wichtiger Aspekt bei der Interpretation der Daten ist, dass während der Erhebung die weltweite Pandemie „Covid-19" zahlreiche Unternehmen und deren Existenz bedrohte. Vor allem die Angaben zum AC und KC der Teilnehmer könnten durch Ängste um das Fortbestehen des eigenen Arbeitsplatzes, die allgemeine missliche wirtschaftliche Lage und die Ungewissheit, wie sich die Pandemie zukünftig entwickelt, beeinflusst worden sein.

6 Fazit

Als Fazit dieser Arbeit zum Einfluss von immateriellen Anreizsystemen auf die Mitarbeiterbindung kann basierend auf den Ergebnissen der für durchgeführten Untersuchung festgehalten werden, dass das OC der Probanden mit sowohl immateriellen als auch materiellen Anreizen nicht signifikant höher ausfiel als das der Kontrollgruppe mit lediglich materiellen Anreizen. Im Gegensatz dazu kann festgestellt werden, dass der Einsatz von immateriellen Anreizen einen positiven Einfluss auf die emotionale Bindung hat. Die Ergebnisse der durchgeführten Studie zeigen, dass soziale und haptische Anreize keinen signifikanten Beitrag zur Erhöhung der Mitarbeiterbindung leisten. Demgegenüber führt der Einsatz von arbeitsbezogenen Anreizen, wie zum Beispiel Jobrotation und flexible Arbeitszeiten, zu einem statistisch signifikanten Anstieg des OCs. Zudem lässt sich aus der vorliegenden Studie ableiten, dass der Zusammenhang zwischen der Anzahl von immateriellen Anreizen und OC vollständig von POS mediiert wird. Des Weiteren zeigen die Ergebnisse der durchgeführten Untersuchung, dass es keinen signifikanten Unterschied des OCs zwischen weiblichen Probanden mit sowohl materiellen und immateriellen Anreizen und Probandinnen mit ausschließlich materiellen Anreizen gibt. Dennoch führt der Einsatz von immateriellen Anreizen bei Frauen zu einem signifikanten Anstieg des ACs. Bei der Untersuchung der Teilgruppe „Angestellte" kann festgehalten werden, dass immaterielle Anreize einen signifikanten positiven Einfluss auf das AC dieser haben, jedoch keinen signifikanten Einfluss auf deren OC. Ergänzend zeigen die Ergebnisse, dass das Alter der Probanden mit beiden Anreizarten keinen signifikanten Einfluss auf das OC hat. Folglich kann insgesamt geschlussfolgert werden, dass immaterielle Anreize einen nicht relevanten Beitrag zur Erhöhung des OCs der Mitarbeiter leisten. Allerdings kann auch festgehalten werden, dass immaterielle Anreize zu einer Erhöhung des ACs beitragen und somit die emotionale Bindung der Organisationsmitglieder zum Arbeitgeber erhöhen.

Für Unternehmen ergeben sich folglich praktische Implikationen. Insbesondere in Zeiten wirtschaftlicher Krisen können Organisationen durch immaterielle Anreize die emotionale Bindung der Mitarbeiter erhöhen, ohne dabei hohe Kosten aufwenden zu müssen. Vor allem für finanziell belastete Unternehmen ist dies eine Möglichkeit, sich im „War for Talents" gegen andere Mitstreiter durchzusetzen. Sofern Unternehmen analysiert haben, welche nicht-monetären Anreize von potentiellen und bestehenden Mitarbeitern gewünscht werden, können sie bei vergleichbaren materiellen Anreizen durch den gezielten Einsatz von immateriellen Anreizen gegenüber anderen Unternehmen einen Wettbewerbsvorteil erlangen (Jensen, McMullen & Stark, 2007).

Literaturverzeichnis

Agarwala, T. (2003). Innovative human resource practices and organizational commitment: an empirical investigation. International Journal of Human Resource Management, 14,175-197.

Alderfer, C. (1972). Existence, relatedness & growth. New York: Free Press.

Armstrong, M. & Murlis, H. (2007). Reward Management: A Handbook of Remuneration Strategy and Practice. London: Kogan Page Limited.

Armstrong, M. & Taylor, S. (2014). Armstrong's Handbook of Human Resource Management Practice. London: Kogan Page Publishers.

Armutat, S. (2004). Retention und Unternehmenserfolg – warum gebundene Mitarbeiter sich für ein Unternehmen auszahlen. In Deutsche Gesellschaft für Personalführung e.V. (Hrsg.), Retention Management für die Praxis. Erfolgsentscheidende Mitarbeiter finden und binden (S.11-15). Bielefeld: Bertelsmann Verlag.

Athanas, C. & Graf, N. (Hrsg.). (2013). Innovative Talentstrategien: Talente finden, Kompetenzen fördern, Know-how binden (1. Aufl.). Freiburg: Haufe-Lexware.

Aven, F., Parker, B. & Glen M. (1993). Gender and attitudinal commitment to organizations: a meta-analysis. Journal of business research, 26, 63-73.

Baker, G., Jensen, M. & Murphy, K. (1988). Compensation and incentives: Practice vs. theory. Journal of Finance, 43, 593-616.

Balkin, D. & Bannister, B. (1993). Explaining pay forms for strategic employee groups in organizations: A resource dependence perspective. Journal of Occupational and Organizational Psychology, 66, 139-151.

Bandiera, O., Barankay, I. & Rasul, I. (2010). Social Incentives in the Workplace. Review of Economic Studies, 77, 417-458.

Bauer, T., Erdogan, B., Bodner, T., Truxillo, D. & Tucker, J. (2007). Newcomer adjustment during organizational socialization: A meta-analytic review of antecedents, outcomes, and methods. Journal of Applied Psychology, 92, 707-721.

Becker, F. (1995). Anreizsysteme als Führungsinstrumente. In A. Kieser, G. Reber & R. Wunderer (Hrsg.), Handwörterbuch der Führung (2. Aufl.) (S. 34-46). Stuttgart: Schäffer-Poeschel.

Becker, F. & Kramarsch, M. (2006). Leistungs- und erfolgsorientierte Vergütung für Führungskräfte. In H. Schuler, R. Hossiep, M. Kleinmann & W. Sarges (Hrsg.), Praxis der Personalpsychologie Human Resource Management kompakt (S. 1-89). Göttingen: Hogrefe.

Becker, H. (1960). Notes on the concept of commitment. American Journal of Sociology, 66, 32–40.

Berthel, J. & Becker, F. (2010). Personalmanagement - Grundzüge für Konzeptionen betrieblicher Personalarbeit (9. Aufl.). Stuttgart: Schäffer-Poeschel.

Bortz, J. & Schuster, C. (2010). Statistik für Human- und Sozialwissenschaftler (7. Aufl.). Berlin: Springer Verlag.

Bundesagentur für Arbeit (2020): Schwerpunktheft. Fachkräfte für Deutschland. Verfügbar unter https://www.arbeitsagentur.de/datei/dok_ba013186.pdf [abgerufen am 22.10.2020].

Caldwell, D., Chatman, J. & O'Reilly, C. (1990). Building organizational commitment: a multifirm study. Journal of Occupational and Organizational Psychology, 63, 245-261.

Chambers, E., Foulon, M., Handfield-Jones, H., Hanking, S. & Michaels III, E. (1998). The War for Talent. McKinsey Quarterly, 3, 44-57.

Chiang, F. & Birtch, T. (2009). The moderating roles of job control and work-life balance practices on employee stress in the hotel and catering industry. International Journal of Hospitality Management, 29, 25-32.

Cohen, J. (1988). Statistical power analysis for the behavioral sciences (2nd ed.). Hillsdale, N.J: L. Erlbaum Associates.

Compensation Partner (22.05.2019): Umfrage: Deswegen kündigen Beschäftigte ihren Job. Verfügbar unter https://www.compensation-partner.de/de/home [abgerufen am 24.10.2020].

Cooper-Hakim, A. & Viswesvaran, C. (2005). The construct of work commitment: Testing an integrative framework. Psychological Bulletin, 131, 241-259.

Culpepper, R., Gamble, J. & Blubaugh, M. (2004). Employee stock ownership plans and three-component commitment. Journal of Occupational and Organizational Psychology, 77, 155–170.

Dalvi, M. & Ebrahimi, H. (2013). Investigating the Effects of Reward on the Co-operation in the Sale and Marketing Department from Managers' Perspective (Isfahan Food industries Case Study). International Journal of Academic Research in Business and Social sciences, 3, 144-153.

Danish, R. & Usman, A. (2010). Impact of Reward and Recognition on Job Satisfaction and Motivation: An Empirical Study from Pakistan. International Journal of Business and Management, 5, 159-167.

Deloitte (2019): Fluktuation und deren Auswirkung auf Unternehmen. Verfügbar unter: https://www2.deloitte.com/content/dam/Deloitte/at/Documents/consulting/at-deloitte-fluktuationsstudie-2019.pdf [abgerufen am 22.10.2020].

Dunham, R., Grube, J. & Castenada, M. (1994). Organizational commitment: the utility of an integrative definition. Journal of Applied Psychology, 79, 370–380.

Eisenberger, R., Huntington, R., Hutchison, S. & Sowa, D. (1986). Perceived organizational support. Journal of Applied Psychology, 71, 500–507. https://doi.org/10.1037/0021-9010.71.3.500

Felfe, J. (2008). Mitarbeiterbindung. Göttingen: Hogrefe.

Felfe, J., Schmook R., Six B. & Wieland, R. (2005). Commitment gegenüber Verleiher und Entleiher bei Zeitarbeitern. Zeitschrift für Personalpsychologie 4, 101–115.

Felfe, J., Six, B., Schmook, R., & Knorz, C. (2014): Commitment Organisation, Beruf und Beschäftigungsform (COBB). Zusammenstellung sozialwissenschaftlicher Items und Skalen. Verfügbar unter https://zis.gesis.org/skala/Felfe-Six-Schmook-Knorz-Commitment-Organisation,-Beruf-und-Besch%C3%A4ftigungsform-(COBB) [abgerufen am 25.10.2020].

Finkelstein, S. & Hambrick, D. (1989). Chief executive compensation: A study of the intersection of markets and political processes. Strategic Management Journal, 10, 121-134.

Flato, E. (2008). Zukunftsweisendes Personalmanagement. München: mi-Fachverlag.

Frey, B. & Osterloh, M. (2000). Pay for Performance– Immer empfehlenswert? Zeitschrift für Führung und Organisation, 69, 64-69.

Gallup (29.08.2018): Engagement Index Deutschland. Verfügbar unter https://www.das-felix-prinzip.com/Gallup%20Engagement%20Index%202018.pdf [abgerufen am 22.10.2020].

Global Workforce (10.04.2010): Global Workforce Studie 2010. Verfügbar unter https://www.willistowerswatson.com/de-CH [abgerufen am 24.10.2020].

Grusky, O. (1966). Career mobility and organzational commitment. Administrative Science Quarterly, 10, 488-503.

Gutknecht, S. (2007). Arbeitszufriedenheit und Commitment. Der Einfluss von Persönlichkeitsmerkmalen auf organisationsspezifische Einstellungen. Saarbrücken: VDM, Müller.

Hackett, R., Bycio, P. & Hausdorf, P. (1994). Further assessments of Meyer and Allen's (1991) three-component model of organizational commitment. Journal of Applied Psychology, 79, 15-23.

Hayes, R. & Schaefer, S. (1999). How much are differences in managerial ability worth? Journal of Accounting and Economics, 27, 125-148.

Hentze, J., Kammel, A. & Lindert, K. (1997). Personalführungslehre: Grundlagen, Funktionen und Modelle der Führung (3.Aufl.). Bern: Haupt.

Hormel, R. & Seibt, T. (2017). Anreizsysteme. In J. Stierle, K. Glasmachers & H. Siller (Hrsg.), Praxiswissen Personalcontrolling (S. 137-155). Wiesbaden: Springer.

Institut für Beschäftigung und Employability (24.03.2013): HR-Report 2012/2013. Schwerpunkt Mitarbeiterbindung. Verfügbar unter: https://www.hays.de/personaldienstleistung-aktuell/studie/hr-report-2012-2013-schwerpunkt-mitarbeiterbindung [abgerufen am 24.10.2020].

Jeffrey S. & Shaffer V. (2007). The Motivational Properties of Tangible Incentives. Compensation and Benefits Review, 39, 44-50.

Jensen, D., McMullen, T. & Stark, M. (2007). The Manager's Guide to Rewards: What You Need to Know to Get the Best for - and from - Your Employees. USA: AMACOM.

Jiang, Z., Xiao, Q., Qi, H. & Xiao, L. (2009). Total Rewards Strategy: A Human Resources Management Strategy Going with the Trend of the Times. International Journal of Business and Management, 4, 177-184.

Kaplan, S. & Norton, D. (2006). How to Implement a New Strategy Without Disrupting Your Organization. Harvard Business Review, 3, 1-11.

Kavuludi, S., Chege, K., Kemboi, A., Robert, R., Bii, J. & Oluoch, J. (2016). Mediating Effect of Employee Commitment on the Relationship Between Incentives and Employee Performance: a Case of Agricultural Development Corporation, Kitale. Journal of Business and Management, 18, 105-114.

Khan, M., Tarif, A. & Zubair, S. (2016). Non-financial Incentive System and Organizational Commitment: An empirical investigation. Pakistan Business Review, 18, 55-75.

Kieser, A (1995). Loyalität und Commitment. In A. Kieser, G. Reber & R. Wunderer (Hrsg.), Handwörterbuch der Führung (2. Aufl.) (S. 1445-1456). Stuttgart: Schäffer-Poeschel.

Kieser, A., Nagel, R., Krüger, K.-H. & Hippler, G. (1990). Die Einführung neuer Mitarbeiter in das Unternehmen. München: Hermann Luchterhand Verlag.

Klimecki, R. & Gmür, M. (2005). Personalmanagement. Strategien, Erfolgsbeiträge, Entwicklungsperspektiven. Stuttgart: Lucius & Lucius.

Knoblauch, R. (2004). Motivation und Honorierung der Mitarbeiter als Personalbindungsinstrumente. In R. Bröckermann & W. Pepels (Hrsg.), Personalbindung, Wettbewerbsvorteile durch strategisches Human Resource Management (S. 101-130). Berlin: Erich Schmidt Verlag.

Kolb, M. (2010). Personalmanagement: Grundlagen und Praxis des Human Resources Managements (2. Aufl.). Wiesbaden: Gabler.

Kressler, H. (2001). Leistungsbeurteilung und Anreizsysteme: Motivation - Vergütung - Incentives. München: Redline Verlag.

Krill, M. (2011). Mitarbeiterbindung als Umkehrung von Fluktuation: Implikationen der Fluktuationsdeterminantenforschung. Zeitschrift für Management, 6, 401-425.

Krohn, M. (2007). Personalbindung in Netzwerkorganisationen durch Investitionen in Sozialkapital: eine ökonomische Analyse der familienorientierten Gestaltung sozialer Beziehungen in der Informationsgesellschaft und durch Unternehmen und Politik. Bern: Peter Lang GmbH, Internationaler Verlag der Wissenschaften.

Lersch, P. (1956). Aufbau der Person. München: Barth.

Loffing, D. & Loffing, C. (2010). Bedeutung und Grundlagen der Mitarbeiterbindung. In D. Loffing & C. Loffing (Hrsg.), Mitarbeiterbindung ist lernbar: Praxiswissen für Führungskräfte in Gesundheitsfachberufen (S.1-24). Berlin: Springer.

Lohaus, D. & Habermann, W. (2016). Integrationsmanagement – Onboarding neuer Mitarbeiter. Göttingen, Bristol: Vandenhoeck & Ruprecht.

Luthan, M., Peterson, C. & Suzan, L (2006). Impact of non-financial incentives on the business unit outcome and commitment over time among support staff of polytechnique of Virginia. Journal of Applied Psychology,91, 156-165.

Malhotra, N., Budhwar, P. & Prowse, P. (2007). Linking rewards to commitment: empirical investigations of four UK call centres. International Journal of Human Resources Management, 18, 2095 -2127.

March, J. & Simon, H. (1958). Organizations. New York: Wiley.

Mathieu, J. & Zajac, D. (1990). A review and meta-analysis of the antecedents, correlates, and consequences of organizational commitment. Psychological Bulletin, 108, 171-194.

Meacham, M. & Wiesen, A. (1969). Changing Classroom Behavior. A Manual for Precision Teaching. Scranton: International Textbook Company.

Meifert, M. T. (2005). Mitarbeiterbindung. Eine empirische Analyse betrieblicher Weiterbildner in deutschen Großunternehmen. München und Mering: Rainer Hampp Verlag.

Meyer, J. & Allen, N. (1984). Testing the "side-bet theory" of organizational commitment: Some methodological considerations. Journal of Applied Psychology, 69, 372-378.

Meyer, J. & Allen, N. (1991). A three component conceptualization of organizational commitment. Human Resource Management Review, 1, 61- 89.

Meyer, J. & Allen, N. (1997). Commitment in the Workplace. London, New Dehli: Thousand Oaks.

Meyer, J. & Herscovitch, L. (2001). Commitment in the workplace. Toward a general model. Human Resource Management Review, 11, 299-326.

Meyer, J., Becker, T. & Vandenberghe, C. (2004) Employee commitment and motivation. A conceptual analysis and integrative model. Journal of Applied Psychology, 89, 991–1007.

Meyer, J., Stanley, D., Herscovitch, L. & Topolnytsky, L. (2002). Affective, continuance, and normative commitment to the organization: A meta-analysis of antecedents, correlates, and consequences. Journal of Vocational Behavior, 61, 20-52.

Mohammed, A. & Michael, M. (2007). Relationship between employees' beliefs regarding training benefits and employees' organizational commitment in a petroleum company in the State of Qatar. International Journal of Training and Development, 11, 49-70.

Morris, J. & Sherman, J.(1981). Generalizability of an organizational commitment model. Academy of Management Journal, 24, 512-526.

Moser, K. (1996). Commitment in Organisationen. Bern: Huber.

Mowday, R., Steers, R. & Porter, L. (1979). The measurement of organizational commitment. Journal of Vocational Behavior, 14, 224-247.

Mowday, R., Porter, L. & Steers, R. (1982). Employee-Organization Linkages: The Psychology of Commitment, Absenteism, and Turnover. New York: Academic Press.

Müller-Vorbrüggen, M. (2004). Best-Practice-Personalbindungsstrategien in internationalen Unternehmen. In R. Bröckermann & W. Pepels (Hrsg.), Personalbindung, Wettbewerbsvorteile durch strategisches Human Resource Management (S.343-364). Berlin: Erich Schmidt Verlag.

Nerdinger F., Bickle, G. & Schaper, N. (2008). Arbeits- und Organisationspsychologie. Heidelberg: Springer.

Osterloh, M. & Frost, J. (2000). Motivation und Wissen als strategische Ressource. In B. Frey & M. Osterloh (Hrsg.), Managing Motivation - Wie Sie die neue Motivationsforschung für Ihr Unternehmen nutzen können (S.43-68). Wiesbaden: Gabler.

Prima Human Resources (16.08.2012): Mitarbeiterbindung 2.0. Eine Studie zur Relevanz, den Zielgruppen und den Methoden von Mitarbeiterbindung in deutschen Unternehmen. Verfügbar unter: http://wp10964690.server-he.de/site/wp-content/uploads/2012/01/Mitarbeiterbindung-2.0-Ergebnisse-prima-hr-12-111.pdf [abgerufen am 24.10.2020].

Ramamoorthy, N. & Flood, P (2004). Gender and employee attitudes: the role of organizational justice perceptions. British Journal of Management, 15, 247–258.

Riesterer, R. (2006). Mitarbeitercommitment. Leistungsbereite Mitarbeiter durch interne Kommunikation. Saarbrücken: VDM Verlag Dr. Müller.

Rosenstiel, L. von (1992). Grundlagen der Organisationspsychologie (3. Aufl.). Stuttgart: Schäffer-Poeschl.

Rosenstiel, L. von (2010). Motivation im Betrieb (11. Aufl.). Leonberg: Rosenberger Fachverlag.

Rosenstiel, L. von & Nerdinger, F. (2011). Grundlagen der Organisationspsychologie (7. Aufl.). Stuttgart: Schäffer-Poeschl.

Rowold, J. (2015). Human Resource Management: Lehrbuch für Bachelor und Master. Berlin: Springer Gabler.

Schanz, G. (2015). Personalwirtschaftslehre. Lebendige Arbeit in verhaltenswissenschaftlicher Perspektive. München: Verlag Franz Vahlen.

Schirmer, U. (2007). Commitment fördern, Mitarbeiter halten: Retention-Management zur Bindung von Leistungsträgern. Personalführung, 3, 48 - 58.

Siebenaler, T. & Fischer, J. (2020). Perceived Organisational Support - short version (POS-s). Zusammenstellung sozialwissenschaftlicher Items und Skalen (ZIS). Verfügbar unter https://zis.gesis.org/skala/Siebenaler-Fischer-Perceived-Organisational-Support-(POS-s) [abgerufen am 20.10.2020].

Siegert, T. (1999). Humankapital: Erfolgsmessung und Partizipation. In W. Bühler & T. Siegert (Hrsg.), Unternehmenssteuerung und Anreizsysteme: Kongress-Dokumentation 52. Deutscher Betriebswirtschafter-Tag 1998 (S. 17-46). Stuttgart: Schäffer-Poeschel Verlag.

Stevens, J., Beyer, J. & Trice, H. (1978). Assessing personal, role, and organizational predictors of managerial commitment. Academy of Management Journal, 21, 380-396.

Stock-Homburg, R. & Groß, M. (2010). Personalmanagement. Theorien – Konzepte – Instrumente (2. Aufl). Wiesbaden: Gabler.

Suliman, A. & Iles, P. (2000). Is continuance commitment beneficial to organizations? Commitment performance relationship: a new look. Journal of Managerial Psychology, 15, 407-426.

Sweeney, P. & McFarlin, D. (1993). Workers evaluation of the ends and the means: an examination of four models of distributive and procedural justice. Organizational Behavior and Human Decision Processes, 55, 23-49.

Van Dick, R. (2004). Commitment und Identifikation mit Organisationen. Göttingen: Hogrefe.

Weibel, A. & Rota, S. (2000). Fairness als Motivationsfaktor. In: B. Frey & M. Osterloh (Hrsg.), Managing Motivation – Wie Sie die neue Motivationsforschung für Ihr Unternehmen nutzen können (S. 193-206). Wiesbaden: Gabler.

Westphal, A. (2011). Ethikbasierte Unternehmensführung und Commitment der Mitarbeiter. Wiesbaden: Springer Gabler.

Westphal, A. & Gmür, M. (2009). OC und seine Einflussfaktoren: Eine qualitative Metaanalyse. Journal für Betriebswirtschaft, 59, 201-229.

Weitzel, T. (10.02.2014): Recruiting Trends 2014. Verfügbar unter https://www.uni-bamberg.de/fileadmin/uni/fakultaeten/wiai_lehrstuehle/isdl/RecruitingTrends_2014.pdf [abgerufen am 24.10.2020].

Wiener, Y. (1982). Commitment in organizations. A normative view. Academy of Management Review, 7, 418–428.

Winter, S. (1996). Prinzipien der Gestaltung von Managementanreizsystemen. Wiesbaden: Gabler.

Winter, S. (1997). Möglichkeiten der Gestaltung von Anreizsystemen für Führungskräfte. Die Betriebswirtschaft, 57, 615-629.

Yavuz, N. (07.2004). The Use of Non-Monetary Incentives as a Motivational Tool. A Survey Study in a Public Organization in Turkey. Verfügbar unter: https://www.researchgate.net/publication/40540143_The_Use_of_Non-Monetary_Incentives_as_a_Motivational_Tool_A_Survey_Study_in_a_Public_Organization_in_Turkey [abgerufen am 24.10.2020].

Anhang

Anhang A1 Definition und Abgrenzung wesentlicher Begriffe

Tabelle 11 Definition und Abgrenzung

Begriff	Definition
Mitarbeiterbindung	„Unter Mitarbeiterbindung verstehen wir zunächst die Verbundenheit, Zugehörigkeit und Identifikation, die Mitarbeitende gegenüber Ihrem Unternehmen empfinden und erleben. Wissenschaftlich wird dies als organisationales Commitment bezeichnet" (Felfe, 2008, S.25).
Personalbindung	„Unter Personalbindung verstehen wir alle Maßnahmen und Aktivitäten eines Unternehmens, einer Organisation oder Behörde, die darauf abzielen, eine langfristige Beschäftigungsdauer zu erreichen. Und dies geschieht in einem sich ständig wandelnden betrieblichen, sozialen Umfeld und bei unaufhörlichen Anpassungsprozessen" (Flato, 2008, S.73).
Personalbindung	„Bei der Personalbindung geht es um die Betrachtung des gesamten Personals, also aller Mitarbeitenden, einschließlich der Führungskräfte. Bindung kann nur gemeint sein als Bindung in Freiheit. Freiheit hat nur derjenige, der zwischen verschiedenen Alternativen wählen kann"(Müller-Vorbrüggen, 2004, S.345).
Commitment	„Ein Commitment ist ein psychologisches Band zwischen dem Individuum und der Organisation. Dies beinhaltet z.B. die Bereitschaft eine hohe Anstrengung zu erbringen, oder die Identifikation mit den Werten und Zielen des Unternehmens" (Knoblauch, 2004, S.102).
Commitment	„Commitment bedeutet Verbundenheit, Verpflichtung, Identifikation und Loyalität gegenüber der Organisation. Felfe beschreibt nach Mathieu und Zajac Commitment als das psychologische Band zwischen Mitarbeitenden und der Organisation. Commitment beschreibt eine Einstellung gegenüber dem Unternehmen und beinhaltet eine kognitive und eine emotionale Komponente" (Felfe, 2008, S.26).
Retention Management	„Retention ist aus Unternehmensperspektive das Ergebnis von Managementaktivitäten, die Mitarbeiter dazu veranlassen, im Unternehmen zu bleiben, Leistung zu erbringen und sich loyal gegenüber der Organisation zu zeigen. Diese Bindung wird durch Retentionaktivitäten des Unternehmens erreicht" (Armutat, 2014, S.11).

Anhang A2 Deskriptive Statistik

Tabelle 12 Deskriptive Statistik der männlichen Probanden der Experimentalgruppe (n = 58)

Variablen	Kennwerte				
	Min	Med	M	Max	SD
OC	1.29	3.07	3.08	4.50	0.81
AC	1.00	3.60	3.62	5.00	1.05
NC	1.00	2.60	2.73	5.00	1.09
KC	1.00	2.88	2.84	5.00	1.00
POS	1.50	3.44	3.40	4.88	0.94

Tabelle 13 Deskriptive Statistik der Angestellten der Experimentalgruppe (n = 119)

Variablen	Kennwerte				
	Min	*Med*	*M*	*Max*	*SD*
OC	1.29	3.07	3.01	4.86	0.76
AC	1.00	3.80	3.53	5.00	1.04
NC	1.00	2.40	2.52	5.00	0.96
KC	1.00	3.00	2.96	5.00	0.94
POS	1.00	3.38	3.27	5.00	1.00

Tabelle 14 Deskriptive Statistik der Angestellten der Kontrollgruppe (n = 16)

Variablen	Kennwerte				
	Min	*Med*	*M*	*Max*	*SD*
OC	1.21	2.79	2.79	5.00	1.05
AC	1.00	2.80	2.89	5.00	1.13
NC	1.20	2.20	2.63	5.00	1.13
KC	1.00	3.00	3.86	5.00	1.30
POS	1.50	2.31	2.50	5.00	0.84

Anhang A3 Detaillierte Auflistung des angewandten Fragebogens

Seite 1: Willkommenstext

Liebe Teilnehmerin, lieber Teilnehmer,

herzlich willkommen zur Umfrage „Einfluss von betrieblichen Anreizen".

Vielen Dank, dass Sie sich die Zeit nehmen, den folgenden Fragebogen zu beantworten. Das Ausfüllen des Fragebogens wird etwa 5-10 Minuten in Anspruch nehmen. Bei den Fragen kommt es ausschließlich auf Ihre subjektiven Einschätzungen an, d.h. es gibt keine richtigen oder falschen Antworten, da nur Ihre persönliche Meinung von Interesse ist. Bitte beantworten Sie alle Fragen schnellstmöglich und vertrauen Sie dabei Ihrem spontanen Urteil.

Die Ergebnisse dieser Umfrage werden ausschließlich zum Zwecke meiner Bachelorarbeit verwendet. Die Teilnahme ist anonym.

Vielen Dank für die Teilnahme und viel Spaß bei der Beantwortung der folgenden Fragen.

Seite 2: Demografische Fragen

1 Bitte wählen Sie Ihr Geschlecht.

Weiblich /männlich/ divers

2 Bitte wählen Sie Ihr Alter

0-18/ 19-26/ 27-40/ 41-55/ > 55

3 In welcher Branche sind Sie tätig?

Agrarwirtschaft/ Baugewerbe/ Chemie und Rohstoffe/ Dienstleistung und Handwerk/ E-Commerce und Versandhandel/ Energie und Umwelt/ Finanzen, Versicherung und Immobilien/ Freizeit/ Gesellschaft/ Handel/ Internet/ Konsum/ Medien und Marketing/ Metall und Elektronik/ Pharma und Gesundheit/ Tourismus und Gastronomie/ Verkehr und Logistik/ Verwaltung und Verteidigung/ Wirtschaft und Politik/ Sonstiges

4 Wie groß ist das Unternehmen, in dem Sie tätig sind?

< 10 Mitarbeiter/ 11-50 Mitarbeiter/ 51-250 Mitarbeiter/ > 250 Mitarbeiter

5 In welcher Position sind Sie beschäftigt?

Praktikant/in / Auszubildende/r/ Studentenjob/ Angestellte/r befristet/ Angestellte/r unbefristet/ leitende/r Angestellte/r/ Geschäftsführer/in

6 Wie lange sind Sie bereits bei Ihrem Arbeitgeber angestellt?

0 - 6 Monate/ 7 - 12 Monate/ 1 Jahr- 5 Jahre/ 6 Jahre - 10 Jahre/ > 10 Jahre

Seite 3: Organisationales Commitment

Instruktion: Anhand der folgenden Aussagen möchte ich erfahren, wie sehr Sie sich der Organisation, für die Sie arbeiten, verbunden fühlen. Schätzen Sie bitte ein, wie zutreffend die einzelnen Aussagen für Sie sind. Verwenden Sie folgende Abstufungen von 1 = trifft nicht zu bis 5 = trifft vollständig zu.

1 Ich wäre sehr froh, mein weiteres Arbeitsleben in dieser Organisation verbringen zu können.

2 Es wäre mit zu vielen Nachteilen für mich verbunden, wenn ich momentan diese Organisation verlassen würde.

3 Ich fühle mich emotional nicht sonderlich mit dieser Organisation verbunden.

4 Ich bin stolz darauf, dieser Organisation anzugehören.

5 Zu vieles in meinem Leben würde sich verändern, wenn ich diese Organisation jetzt verlassen würde.

6 Ich glaube, dass ich momentan zu wenige Chancen habe, um einen Wechsel der Organisation ernsthaft in Erwägung zu ziehen.

7 Ich habe schon zu viel Kraft und Energie in diese Organisation gesteckt, um jetzt noch an einen Wechsel zu denken.

8 Viele Leute, die mir wichtig sind, würden es nicht verstehen oder wären enttäuscht, wenn ich diese Organisation verlassen würde.

9 Selbst, wenn es für mich vorteilhaft wäre, fände ich es nicht richtig, diese Organisation zu verlassen.

10 Ich würde mich irgendwie schuldig fühlen, wenn ich diese Organisation jetzt verlassen würde.

11 Ich empfinde ein starkes Gefühl der Zugehörigkeit zu meiner Organisation.

12 Ich denke, dass meine Wertvorstellungen zu denen der Organisation passen.

13 Es macht keinen guten Eindruck, häufiger die Organisation zu wechseln.

14 Ich würde die Organisation jetzt nicht verlassen, weil ich mich einigen Leuten darin verpflichtet fühle.

Seite 4: Wahrgenommene organisationale Unterstützung

Instruktion: Bitte geben Sie bei jeder Aussage an, inwieweit diese auf Sie persönlich zutrifft (1 = trifft nicht zu, 5 = trifft vollständig zu). Beziehen Sie sich dabei bitte auf die Organisation, für die Sie momentan tätig sind.

1 Die Organisation zeigt sehr wenig Interesse an mir.

2 Die Organisation kümmert sich wirklich um mein Wohlergehen.

3 Der Organisation ist meine Meinung wichtig.

4 Der Organisation ist meine generelle Arbeitszufriedenheit wichtig.

5 Selbst, wenn ich den bestmöglichen Job machen würde, würde dies der Organisation nicht auffallen.

6 Die Organisation ist stolz auf meine Arbeitsleistung.

7 Die Organisation berücksichtigt meine Ziele und Werte in hohem Maß.

8 Ich bekomme von der Organisation Unterstützung, wenn ich Probleme habe.

Seite 5: Betriebliche Anreize

1 Bitte wählen Sie, welche betrieblichen Anreize Ihr Unternehmen Ihnen und Ihren Kollegen bietet. (Hinweis: Mehrfachauswahl möglich)

Aktien/ Vermögenswirksame Leistungen/ Betriebskindergarten bzw. Zuschuss zur Kinderbetreuung/ Akkord-/Prämienlohn/ Sonderzahlungen/ Hohes Gehalt/ Firmenwagen/ Erfolgsbeteiligung/ Gutscheine als Belohnung für gute Arbeit/ Geschenke als Belohnung für gute Arbeit/ Freikarten als Belohnung für gute Arbeit/ Reisen als Belohnung für gute Arbeit/ Dankesbrief für gute Arbeit/ Auszeichnung/Preis z.B. Mitarbeiter des Monats/ Freizeitaktivität, z.B. Abendessen, als Belohnung für gute Arbeit/ Möglichkeit Job Rotation (= Systematischer Arbeitsplatzwechsel: Mitarbeiter übernimmt für bestimmten Zeitraum Arbeitsaufgaben und Arbeitsplatz eines Kollegen. Möglich sowohl innerhalb eines Funktionsbereiches als auch funktionsbereichsübergreifend.)/ Möglichkeit Job Enrichment (= Aufgabenbereich des Mitarbeiters erweitert sich um neue, qualitativ höherwertigere Aufgaben. I.d.R. mit mehr Verantwortung verbunden.)/ Arbeitsplatzsicherheit/ Flexible Arbeitszeiten/ Entscheidungsfreiheit

2 Welchen betrieblichen Anreiz würden Sie sich von Ihrem Unternehmen wünschen?

Offenes Eingabefeld

Seite 6: Abschlusstext

Vielen Dank für Ihre Teilnahme!